Pour l'amour de Dieu

Anne Soupa

Pour l'amour de Dieu

Pourquoi j'ai osé bousculer mon Église

ALBIN MICHEL

Albin Michel

À tous ceux et toutes celles qui ont suscité ou encouragé cette candidature

« Il est grand temps de rallumer les étoiles »,

Guillaume Apollinaire,
prologue des *Mamelles de Tirésias*

Introduction

L'Église catholique est une étrange maison. On y vante l'obéissance, mais on y désobéit à tour de bras. Côté rue, la vertu d'obéissance est au pinacle. Mais côté cour… Assurément, un catholique est quelqu'un qui obéit. Si l'on en croit le droit de l'Église, rien ne devrait le pousser à désobéir car il trouve son bonheur à écouter les préceptes délivrés par les pasteurs sacrés[1]. Oh, qu'il n'y ait pas quelque combat contre les pulsions obscures qui assaillent l'être humain, l'Église le sait, et elle donne de sages conseils pour en triompher. Mais au final, la vertu d'obéissance doit toujours l'emporter. C'est une sorte de théorème que les catholiques apprennent au berceau. Au point que l'on peut dire qu'un catholique qui désobéit n'est plus un catholique. C'est d'ailleurs ainsi qu'est née la Réforme. Luther était un catholique qui protestait. Et Rome a poussé la brebis récalcitrante hors de l'enclos. Dehors, Martin ! Ainsi, Rome plus que Luther a fait la Réforme. Plutôt le schisme que la désobéissance. Et le pieux aréopage de docteurs et de cardinaux de rappeler au moine augustinien la phrase terrible et mal interprétée de saint Cyprien : « Hors de l'Église, point de salut ! »

Combien d'enfants de cette Église ont, au cours des siècles, médité à la fois la leçon et l'adage… Dans son livre *Méditation sur l'Église* qui m'a si souvent accompagnée[2], le jésuite Henri de Lubac fait remarquer à son lecteur que sans l'Église, qui est sa mère, un catholique ne serait plus rien. À l'unisson de son collègue se désolait en 1956 le dominicain Yves Congar, exilé en Angleterre à cause de ses positions trop modernes. Et sa lamentation contre la dureté romaine s'était alors résolue dans la contemplation d'arbres en fleurs. Qu'aurait-il fait en d'autres saisons ?

Non, on ne désobéit pas dans l'Église catholique. On se soumet, ou l'on s'en va, et l'on n'est plus qu'un « mécréant », un nom dont la rugosité dit bien le manque, ou l'égarement. Ce titre devrait pourtant être réservé à ceux dont la foi dévie, à ces hérétiques impénitents. Par contre, demander à servir cette Église que l'on aime, comme je l'ai fait, ce n'est pas, que je sache, faillir dans la foi au Christ ressuscité.

Dans mon cas personnel, je n'ai pas désobéi pour dérober un bon gâteau dans une pâtisserie, mais pour une cause dont la jouissance ne me sera jamais offerte. « Elle n'a aucune chance », se gaussait Laurent Ruquier en riant de moi dans *Les Grosses Têtes*[3]. Eh oui, je ne serai jamais archevêque de Lyon. Pourtant, j'ai vraiment postulé. Les paillettes médiatiques m'auraient-elles éblouie ? Ou serais-je victime d'un tropisme dévoyé pour les causes perdues, aurais-je agi par masochisme ou fanfaronnade ? Pour quel résultat ? Me faire suspecter dans ma propre maison, l'Église, et n'en avoir aucun bénéfice. Double peine.

Pourtant, je continue à dire que j'aime mon Église, que je connais le bien qu'elle fait, aujourd'hui, à des centaines de milliers de personnes. Je continue à dire que j'y ai été heureuse, car c'est elle qui m'a apporté le Christ. Mais je m'effraie de la voir s'enliser dans le double langage. « Ils disent et ne font pas », constatait Jésus. Des prêtres enfreignent leur vœu de chasteté en abusant sexuellement d'êtres fragiles, les enfants, et en dissimulant la gravité de l'outrage. D'autres demandent des fellations à de jeunes séminaristes, ou violent des religieuses au nom même de l'obéissance qu'ils et elles ont promise à l'Église. Le Vatican ferme les yeux sur des comptes bancaires d'origine douteuse. Le pape dénonce fortement le cléricalisme, mais que fait-il concrètement pour le combattre ? Le thème suscite quelques moments de rhétorique et tout continue. Si vous avez lu *Sodoma*[4], vous savez que la Curie romaine est un monde d'homosexuels alors que le pape Benoît XVI a interdit l'accès à la prêtrise aux personnes homosexuelles[5]. Mais la façade sera toujours sauve : le premier pris en flagrant délit de désobéissance sera sommé de se démettre. Parmi les clercs qui ne sont pas homosexuels, un nombre inconnu mais croissant – un tiers selon ceux qui ont métier d'écouter – vit en concubinage. Pas vu, pas pris. Et que ma main droite ignore ce que fait ma main gauche, afin que je puisse désobéir en paix. Tel est le sésame. « Pourquoi ne pas continuer votre ministère ? disait il y a déjà plus de quarante ans un cardinal français à un religieux venu lui annoncer qu'il allait se marier. Soyez discrets, je vous couvrirai. » D'autres enfin professent la pauvreté mais vivent dans un luxe qui contredit leurs engagements. Combien en reste-t-il, parmi les décisionnaires de cette Église, qui font encore leur la parole de Jésus : « Que votre oui soit oui, et votre non soit non » ? En somme, si l'on obéit en façade mais que l'on désobéit autant que de besoin, les mots ne désignent plus ce qu'ils doivent désigner, mais leur contraire. C'est l'incohérence, presque la chienlit.

En ce qui me concerne, j'ai emprunté une tierce voie : la désobéissance à ciel ouvert. Ah, certes, cela éclaire étrangement la discordance actuelle... Dans quelle catégorie me ranger : du côté des obéissants ou des désobéissants ? Des obéissants qui désobéissent ou encore des désobéissants qui obéissent ? La réponse m'a longtemps échappé... Au fil des semaines qui se succéderont, stimulée par les questions des uns et des autres, journalistes et amis, je creuserai cette question avec insistance, presque avec avidité, à la manière d'un géologue qui envoie un tube dans le sol pour en ramener un échantillon, la carotte, en espérant qu'il lui livre une part des secrets de la Terre. Ma terre est, comme celle de beaucoup d'autres, dure, caillouteuse, contrariante. Mais aussi pleine de surprises et d'évidences. Je dis « ma terre », mais ce n'est pas moi qui suis en cause. Enfin, c'est à la fois moi qui offre ma plume, ma voix et mon histoire à cette candidature, et ce n'est pas moi, car une autre aurait pu candidater et le résultat, sinon le moyen, aurait été semblable. Étrange expérience d'élation (c'est-à-dire d'exaltation) et de dilution que celle que je viens de vivre, allant d'un « moi » très présent, qui s'étale, peut-être trop, mais qui, par je ne sais quelle opération, s'est rendu presque anonyme, car il s'offre aussi au nom de toutes celles « qui auraient pu ».

Que va me révéler la carotte venue des profondeurs ? Pour le moment, je ne connais que l'aridité de mon choix : il m'apparaît comme le pire qui soit. Je n'ai ni rejoint un compagnon sexuellement interdit, ni fondé de religion, et l'esprit frondeur ne m'a gratifiée d'aucune faveur. J'ai désobéi, mais pour du vent. Est-ce la vanité de ce vieux sage biblique, Qohélet, cette buée sur un carreau qui obstrue une claire vision des choses, ou est-ce le souffle qui nettoie et apporte du neuf ? Qui sait ? Agir retarde parfois le moment de la pleine clarté. Mais il arrive aussi que l'esprit, qui va où il veut, puisse séjourner un temps dans la buée des vanités. Il faut alors endurer, ce maître mot de toute vie. Endurer pour comprendre, donc d'abord raconter ce qui m'a pris, ce 25 mai 2020, d'envoyer un dossier de candidature dûment préparé au nonce apostolique en France et à l'agence France-Presse. Ensuite seulement je pourrai dire pourquoi je voudrais être archevêque de Lyon, en dessinant la silhouette d'un évêque tel que ma foi m'enjoint de l'être. Peut-être alors les raisons les plus profondes de ce geste me seront-elles offertes, alors que je ne m'y attendais plus.

PARTIE I

1

Une idée folle

« Vous avez cinquante ans de mariage, et un jour votre femme vous dit : “Je veux être archevêque.” Vous vous dites que l’un des deux déraille mais… lequel ? » Vue depuis la réaction de mon mari, cette candidature est une bombe, ou un non-sens. Moi, je l’ai déjà apprivoisée, je sais le sens que je lui donnerai. « Il fallait bien que cela arrive un jour », ai-je écrit dans le mail adressé à Thierry Magnin, secrétaire général de la Conférence des évêques de France (CEF), pour accompagner l’annonce de ma candidature à la charge d’archevêque de Lyon. Désormais, une femme peut demander à devenir archevêque. Et cette candidature ne se porte pas sur n’importe quel diocèse. L’archevêque de Lyon est en général nommé cardinal. Ce qui veut dire que le cardinal archevêque de Lyon sera du prochain conclave. Il sera électeur du futur pape, ou choisi par ses pairs pour le devenir. Voilà qu’une femme brigue les plus hautes charges ecclésiastiques. Elle et d’autres se disent capables. Un tabou est levé et déjà l’idée chemine dans les consciences. Lever un tabou ne rime pas à grand-chose s’il n’y a pas derrière une situation intenable.

Et c'est bien le cas pour les femmes. Quelque chose de fou, mais d'inéluctable, d'inconsciemment attendu, s'est joué ce 21 mai 2020, jour de l'Ascension, non seulement pour moi, mais pour l'Église catholique, de France et d'ailleurs, et aussi pour la société française.

Ne pas se taire

L'onde de choc qui m'a traversée ce jour-là me laisse des souvenirs très forts. Jamais encore je n'avais eu autant l'intuition d'un acte qui était en genèse en moi et qui, lentement, était poussé à l'air libre par une force qui était à la fois de moi et au-delà de moi. Qu'est-ce qui « m'a pris » ? me suis-je plusieurs fois demandé. Je crois que j'ai agi comme des milliers d'hommes ou de femmes qui, dans des situations d'injustice, disent, d'une manière ou d'une autre : non, cela ne continuera pas ainsi, il y a un autre chemin. Pourtant, pour eux comme pour moi, chaque étape de ce chemin a été laborieuse, incertaine, et a risqué de tourner à l'impasse… Si je les rapporte ici, c'est parce que chacune est significative de ce que tant d'autres femmes ressentent lorsqu'il s'agit de leur mode d'existence dans l'Église catholique.

Le jour de l'Ascension, au cours d'un déjeuner de famille, entre la poire et le fromage, je me plaignais. Je ne comprenais pas les demandes insistantes de la CEF de rouvrir les lieux de culte avant la date fixée par le gouvernement ; je trouvais déplacé que la conférence épiscopale se compare aux commerçants et aux salles de sport. Je comprenais encore moins les accusations de certains évêques qui osaient crier à la violation de la liberté religieuse et se permettaient même de juger la motivation religieuse des dirigeants français. Leurs chipoteries, leur aveuglement me pesaient. Comment ne pas voir que, du fait de la pandémie, des vies humaines étaient en jeu ? Rien de tout cela n'était digne d'un épiscopat. Par ailleurs, on attendait la nomination d'un évêque à Lyon. Les rumeurs autour de la succession de Mgr Barbarin allaient bon train : on disait que la *terna*, cette liste de trois noms qu'un nonce envoie au pape, qui désignera – parmi eux ou en dehors – le futur évêque d'un diocèse où le siège est vacant, était déjà partie à Rome. La nomination devrait-elle encore se faire attendre ? Au-delà de ces éléments de conjoncture, le paysage ecclésial était fortement obscurci par la crise des abus dont personne n'est capable de dire si elle est derrière ou devant, tant de nouvelles affaires sont prêtes à surgir. Il l'était aussi par le cléricalisme, ou abus de pouvoir des prêtres, pourtant dénoncé par le pape François, mais très peu combattu par le clergé français, en dépit d'affirmations verbales vite oubliées. Enfin, il était plombé par une question pendante : l'invisibilité réservée aux femmes. En somme, tout semblait aller mal…

Il y a bien longtemps, j'avais choisi de vivre l'Évangile dans l'Église catholique, et je la voyais chaque jour s'enliser dans des matières qui m'en semblaient très éloignées. Était-ce vraiment au sein de cette Église que l'Évangile se vivait le mieux, ou au grand vent de l'anonymat de la société laïque ? Tant de solidarités me liaient à ceux qui, en son nom, avaient tourné le dos à l'institution. Je me sentais écartelée. *Ni partir ni se taire*, telle est la devise que nous avions donnée, Christine Pedotti et moi-même, en 2009, à la Conférence des baptisé-e-s naissante[1]. Mais derrière ces deux négations se sont cachés beaucoup d'efforts, de remises en question, de promesses à renouveler ! Pour quel succès ? Présumer que, sans ces prises de parole, la régression aurait été pire ? Bien piètre consolation... Fallait-il s'en remettre en cette fameuse politique des petits pas, si vite invoquée et si peu vérifiée dans les faits, à moins de se prendre pour une vénérable tortue ? Et voilà qu'en ce moment familial paisible, notre devise se réinvitait et me défiait. Allais-je encore promettre de ne pas partir ? Comment allais-je assumer une énième fois pareille exigence ?

Ne pas se taire est une consigne exigeante, car, comme je l'ai souvent entendu, « dans l'Église, on peut tout dire, mais on ne vous écoute pas ». Si rares sont les propos innovants qui trouvent grâce aux yeux des évêques et de Rome, que prendre la parole, inlassablement, et prêcher dans le désert expose au découragement, parfois même au doute. Depuis une cinquantaine d'années, beaucoup de voix ont entrepris de se faire entendre de Rome, dans le but d'attirer l'attention – en général de façon respectueuse – sur le déséquilibre hommes-femmes dans l'exercice des responsabilités dans l'Église. Année après année, le terrain intellectuel a été dégagé de ses ornières et méticuleusement labouré par de nombreuses demandes raisonnées, argumentées, appuyées sur les Écritures ou la Tradition. De remarquables thèses et ouvrages ont été publiés. Le flot des productions de qualité ne se tarit d'ailleurs pas. Pour quel résultat ? Oui, Rome se féminise un peu.

Mais si peu ! Les nominations de femmes sont le plus souvent destinées à des fonctions transversales, dans des commissions de nature théologique, économique et financière, ou sociale. Mais ces décisions ne répondent pas à la demande : les femmes ne prennent toujours pas les grandes décisions de leur Église. Et Rome n'en démord pas : les femmes sont appelées à d'autres vocations que de devenir prêtres, condition obligatoire, dans l'Église catholique, pour décider.

Je me trouvais devant cette accumulation de signaux, d'importance variable, mais tous réunis dans la même coupe de doléances. Mis ensemble, ils la remplissaient à ras bord, jusqu'à la goutte d'eau fatidique qui pour moi advint ce jour-là. Pour en convenir, il me fallut encore passer outre à des scrupules : le jugement global que j'étais en train de porter sur l'ensemble de l'Église catholique, où il se fait quantité de belles et bonnes actions, en matière d'attention et de services à autrui, n'était-il pas injuste ? Prêtres, religieux, religieuses et catholiques anonymes sont nombreux à travailler en ce sens, sans attendre de merci.

« Mais présente-toi ! »

Sans doute ai-je alors inconsciemment ébauché un choix, le mien. Un choix qui n'était encore qu'un refus. Non, je ne voulais plus de ces évêques trop prévisibles, de ceux dont on peut faire le portrait-robot à l'avance en étant sûr de ne pas se tromper. D'autres voix, d'autres visages, l'autre sexe ne seraient-ils pas dignes d'apporter leur propre témoignage à ce qui fonde la foi chrétienne ? Dit plus crûment, est-on évêque à cause de son pénis ? Si j'étais un homme, je n'aimerais ni devoir une telle charge à cette réalité biologique, ni en exclure la moitié de l'humanité pour la même raison…

Sans doute ai-je un peu trop gémi, et ai-je dû agacer la patience de mon fils qui, ne souffrant d'aucune inhibition en cette matière, ne pouvait répondre à ma plainte que par un désir sincère de trouver une solution. Aussi a-t-il ouvert la seule porte qui me permettrait d'en sortir : « Mais présente-toi ! » Eh bien, oui, bien sûr, y aller… Logique, non ? Et ne plus gémir. Car la plainte qui dure est un poison. Elle construit sa toile, y enferme le plaignant et celui-ci finit par ressembler à Marguerite dans le lied de Schubert, qui tourne et retourne sa lamentation comme le rouet qui n'en finit pas. Sans doute y tenais-je encore, à cette plainte, si spontanée, si confortable, si bien installée dans les consciences catholiques ! Pourquoi, d'ailleurs, en aurais-je été préservée ? Un catholique se désole si volontiers que rien ne va, que le christianisme fout le camp… Mais au moins, il garde la possibilité – la jouissance, même – de récriminer. Et si on lui enlève son hochet, on le frustre. Aussi, d'entendre que mes doléances allaient se diluer dans une proposition que j'avais de prime abord jugée inconcevable et incongrue me mit alors presque en colère. Me présenter ? Je devais au plus vite chasser cette idée folle. C'était moi, maintenant, qui m'agaçais. Pourquoi cette provocation ? Après tout, je n'avais qu'à devenir sourde. Faire en sorte que sa proposition n'existe pas. J'observais mon fils. Il n'esquissait aucun sourire, ne manifestait aucune complicité, aucune envie de faire un bon coup en exposant sa mère. Il avait seulement répondu à mes jérémiades, détourné le flot de ma critique en capacité d'action. Tout était dit. On allait passer à un autre sujet. Quant à mon mari, il n'avait même pas relevé la chose. Nous avions paisiblement humé jusqu'à épuisement le fumet d'une digression incongrue, à la toute fin d'un bon repas.

Ce n'est qu'au bout de l'après-midi que l'idée de candidater revint, à la manière d'un ovni qui tournerait inlassablement dans le ciel. Et c'est moi maintenant qui me mettais à lui tourner autour. Moi, candidater ? Pour devenir évêque ? Quelle drôle d'idée ! Candidater est contraire à l'esprit des Évangiles ; l'Église a raison de ne pas retenir ce mode de fonctionnement. J'allais m'exposer à passer pour ignorante de ce que je savais très bien, devoir me travestir, en somme, renier une part de moi-même. Cela me faisait violence. Le jeu en valait-il la peine ? Et vouloir être évêque, quelle présomption ! Pourtant, je m'en sentais capable, non seulement par mes études, mais par mon expérience de la vie, des conflits que j'ai dû traverser, par l'indulgence que j'avais acquise envers mon prochain, et envers moi-même. Je savais maintenant que tous nos travers s'expliquent et qu'en le sachant, on est mieux à même d'aider autrui. L'empathie peut alors devenir un mode de communication naturel.

Enfin, j'étais une femme, et être évêque est interdit aux femmes. Mais cette dernière objection me touchait peu. Je me définis d'abord comme un être humain, secondairement de sexe féminin. Pourtant, au long de ma vie, cette mise en perspective m'a été difficile à acquérir. La construction d'une identité est chose si délicate que chacun prend les moyens qu'il peut pour y arriver. Et la conscience d'être en premier lieu une femme, de m'assumer ainsi, avec tous les bons et les mauvais côtés de la chose, m'a longtemps aidée à dessiner mon identité. Je vois aujourd'hui avec une tendre complicité quantité de jeunes femmes qui, pour se construire, explorent avec insistance leur identité de femme. Elles plaident avec une ardeur radicale, parfois terrifiante, pour la différence féminine, au point de m'impressionner. Mais je me laisse aller à discerner dans leur exacerbation le signe de l'urgence de leur quête, et je leur souhaite de se servir au plus vite de ce moyen pour se connaître et de pouvoir ensuite s'épanouir sur la base d'une identité plus large. Pour ma part, ce n'est que vers la quarantaine que j'ai inversé l'ordre : j'étais avant tout un être humain. Ma différence de femme était devenue à la fois un agrément et une responsabilité sociale, essentiellement par la maternité. Le monde des femmes n'était plus prioritairement le miroir de mon identité. Cette conscience avivait en moi un désir de communion plus universel. Par conséquent, braver l'interdit fait aux femmes dans l'Église ne me paraissait pas d'une violence extrême. En femme de mon temps, à l'aise dans la société à qui je devais tant, j'avais les yeux fixés sur mes aptitudes, intellectuelles et spirituelles, sans cette fausse humilité qui consiste à se dévaloriser. Il n'y avait aucune raison de les amputer parce que j'étais une femme. C'est ainsi que, petit à petit, les objections que je me faisais à moi-même commençaient à perdre de leur consistance première. Mais il en fallait encore davantage pour me convaincre.

2

Et pourquoi pas ?

J'en étais là de mes hésitations, ce même jour, quand l'idée se fit un allié : un vieux rêve que je portais en moi, souvent évoqué et jamais totalement dissipé, celui de devenir évêque. « Ah, j'aurais fait un bon évêque ! » disais-je de temps en temps. Depuis quelques années seulement, car je sais qu'avant, je n'aurais pas été prête. Trop peu aguerrie dans la conduite d'un groupe humain, trop encombrée pour avoir une vision claire. Aujourd'hui, ce savoir tardivement acquis me donne une confiance devant les événements non prévus, une certaine assurance dont je crois qu'elles peuvent se communiquer à autrui.

Un sacré culot

Si autrui confirmait ce que moi je propose, que ferais-je si j'étais évêque ? Passionnante question, que je ne me pose que maintenant, alors que ces dernières années, je me contentais de l'évoquer sans la définir. Aujourd'hui, je peux dire ce que je voudrais entreprendre. D'abord j'aimerais le job. Je l'aimais déjà. Se donner pour objectif central un dialogue sur la foi, cette source fraîche qui murmure en l'être et dilate les cœurs, quel programme ! Et mettre à son service les moyens dont on dispose. Si différents selon les personnes, et tous diversement utiles. Pour ma part, j'aimerais donner de l'énergie, faciliter les initiatives, non seulement celles des catholiques, laïcs, religieux, prêtres, mais de tous les acteurs, publics ou privés, qui peuplent un diocèse. En somme, j'ai le goût de labourer un sol et de l'ensemencer, afin que des pousses nouvelles surgissent et prospèrent. Je crois que j'aborderais la tâche comme un jardinier. Un jardinier des âmes. Bref, j'aimerais susciter de la vie, solliciter tout ce qui bouge et avec qui il fait bon travailler. Parfois, il ne fait pas bon du tout, mais les problèmes doivent tout de même être résolus. Serait-ce plus simple avec l'aide de Dieu, un Dieu qui agit par nos mains et notre esprit ? Remontait en moi ce goût qui avait motivé mes choix d'études, celui de la *polis*, la vie publique, les choses de la cité. Car les affaires religieuses sont des affaires publiques, au moins, c'est leur vocation de le devenir. L'intime impulse, il génère, mais je n'oublie pas que « ce n'est que dans l'acte que l'homme se tient devant Dieu[1] ». À l'évêque, donc, de susciter l'intime pour qu'il s'épanouisse dans les actes.

Pourtant, mon enthousiasme à devenir évêque était à chaque fois refroidi par un lourd reproche que je m'adressais à moi-même : n'étais-je pas présomptueuse de décider de cela de moi-même, sans que d'autres me renvoient leur conviction sur mes éventuelles aptitudes ? Et surtout, comment y prétendre sans accepter d'abord d'être prêtre ? Comment pouvais-je tenir pour si peu l'expérience du terrain, du compagnonnage quotidien avec des paroissiens et des paroissiennes, et assumer la charge des sacrements, en particulier de l'eucharistie ? Et comme je ne voyais pas la sortie de ce dilemme, j'en restai là. Et je repoussai ce rêve irrecevable dans l'arrière-fond de ma conscience.

Cependant, ce même soir, l'idée avait encore avancé. J'osai l'évoquer au cours du dîner. Mon mari détourna la tête. Mon fils ne reprit pas. Je ressens encore le désarroi et la gravité de ce moment où je fis à la fois l'expérience de l'abandon et de la réappropriation. Je me sentais comme devant une adjudication où personne ne surenchérissait plus. Allais-je lancer un prix ? L'idée d'une candidature de femme à un évêché avait été formulée. Mais ni mon mari ni mon fils ne la porteraient. Il n'y avait plus que moi. Et j'étais le prix à payer. Voulais-je « payer de ma personne » ? Désormais cette idée n'avait plus qu'un lieu où se vivre, moi-même, et elle serait tout entière livrée à mes mouvements intérieurs. Pour la refuser ou la faire mûrir ? J'en étais à la fois satisfaite et inquiète. Choisir est d'abord un embarras, un acte qui fait peur, car il fait ressortir la solitude de toute décision authentique. Certes, cette décision n'était que de moi, mais il fallait qu'elle soit toute de moi. Qu'allais-je choisir ?

La nuit fut contrastée. Douillette quand je pouvais me laisser aller à mon rêve, inquiétante quand je le poussais à devenir une réalité. Là, je n'en voyais plus que les épines : un ridicule affiché, des ennemis assurés… Et tout cela pour une simple idée tordue. J'allais me déconsidérer, être raillée. On allait dire : « Mais pour qui se prend-elle ? Quel culot ! » Des personnes qui me sont proches, des gens que j'aime allaient me tourner le dos. Moi qui n'aime pas me fâcher... Et pourquoi candidater alors que je ne serais certainement pas nommée évêque ?... Aucune utilité. Pouvais-je sacrifier la paix, la douce paix des gens de mon âge, dégagés de l'éducation des enfants, des charges professionnelles, qui s'installent dans la liberté de la retraite et se chauffent aux derniers soleils de leur existence ? Je fis des cauchemars, fort peu douillets... Dans une nuit noire, un loup aux yeux jaunes me fixait. Ni hostile ni familier, mais toujours présent. J'avais beau me réveiller, puis tenter de me rendormir, il était toujours là.

Femme et évêque, est-ce possible ?

Le lendemain matin, mes hésitations avaient fondu comme neige au soleil. Une question revenait en boucle dans mon esprit : et pourquoi pas ? Au for interne, ma décision était déjà prise. La cause me semblait juste, je voulais la soutenir. En pensée, je mobilisais les mots que je voudrais utiliser pour plaider la cause des femmes et celle de l'Évangile dont je sais qu'elles sont intimement liées. Désormais, quelque chose de très agaçant m'habitait, analogue à des fourmis dans les jambes. Je voulais agir. En conséquence, je commençai à jeter sur le papier une profession de foi, un CV, une photo, que je voulais ni trop ingrate ni trop ancienne, mais tout de même sympathique, comme je sais que le souhaitent souvent les femmes de mon âge, puis un communiqué de presse que j'enverrai à la fois au nonce apostolique et à la presse.

Mais, même si je poussais le champ du possible, je n'avais pas vraiment encore décidé. Il me manquait un *nihil obstat* bien utile, celui de mon mari. Oui, libre, je l'étais, mais une décision pareille a nécessairement des conséquences sur un conjoint. Or, au bout de quarante-huit heures assez intenses, mon mari, me sentant ailleurs, chercha à susciter une conversation. Avec beaucoup de doigté, il me dit : « Alors, parle-moi de ton projet, car je vois bien que tu le prépares. » Je fus touchée par son geste. Lui qui s'était effrayé à la pensée que son nom serait cité sur un sujet aussi clivant, il avait maintenant passé sur ses préventions premières pour me laisser libre de mes initiatives. Qu'aurais-je fait s'il avait définitivement renvoyé le sujet au diable ? J'avoue que je ne sais…

Je m'appliquai alors à solliciter l'avis et l'accord de quelques amis dont le jugement m'importait, et des bureaux des deux associations dont je suis présidente, le Comité de la Jupe et les Baptisé-e-s du Grand Paris. Leurs réactions furent le plus souvent enthousiastes, quasiment toutes positives, les plus frileux se contentant de reprendre mes propres termes pour ne pas cautionner un projet qu'ils n'approuvaient sans doute pas. J'avertis aussi mes quatre enfants, en particulier l'un d'eux qui habite à Lyon et risquait de se trouver interpellé par son entourage. Cela ne lui fit pas peur. Je crois même qu'il fut fier d'embrasser cette cause.

Voyant qu'autour de moi les herses ne semblaient pas vouloir se dresser contre ce projet, je vérifiai le bon ordre de mes documents avant le clic décisif. C'est là que je fus saisie d'une étrange et insolite jubilation en prenant conscience que sous ma photo allait s'inscrire le mot « évêque ». Pour l'heure, c'était d'une telle incongruité que je ne me lassais pas de m'en repaître. « Femme », « évêque », deux mots jamais associés, deux réalités tenues à distance depuis toujours ! Mais pourquoi pas ? Était-il possible que la photo d'un évêque – disons, tel que l'institution l'a modelé, classique à force de durer – puisse être remplacée par celle d'une femme, habillée d'un vêtement à la teinte vive, un collier autour du cou, qui regarderait son interlocuteur calmement et sans baisser les yeux ? C'est vrai qu'il y avait là une sorte de défi tranquille et assumé. C'était moi, mais si cela avait été n'importe quelle autre femme, le choc que j'ai ressenti aurait été le même. Je découvrais qu'en ce moment, la banalité de ma personne m'affranchissait presque de moi-même. D'une part, mon visage se fondait avec la multitude d'autres visages de femmes qui auraient tenu le job aussi bien que moi. Ce n'était donc plus vraiment moi, ou plus seulement moi. D'autre part, l'anonymat de mon apparence parlait au-delà de moi. Je serais suivie.

Parler, tel était en cet instant le plus important. Ma candidature était une parole, au sens le plus fort du terme. Dans l'Église catholique, les femmes doivent apprendre à exister aussi par leurs demandes, si agaçantes soient-elles pour Rome. C'est ce qui reste à ceux et à celles dont on parle parfois en termes ampoulés, mais qu'on se garde bien de jamais entendre. Jean-Paul II devait sans doute croire que ses discours si louangeurs envers les femmes étaient des cadeaux qu'il leur faisait, mais, en homme de pouvoir, c'était toujours lui qui parlait. Et là, une nouvelle fois – trop peu encore l'ont fait ! –, je prenais la parole. Dire : « Je me porte candidate », c'est s'emparer de la parole. En candidatant, je refusais que les hommes d'Église disent à ma place qui je suis, et qui sont les femmes. Et cette parole devenait un acte politique.

Combien d'années d'assignations partaient en fumée…

Je souriais tout en me faisant ces réflexions. Moi qui me faisais fort de me considérer comme un être humain avant d'être une femme, je me trouvais tout à coup appelée à assumer plus que pleinement mon être femme pour faire précisément savoir à autrui, en particulier à mes frères et sœurs catholiques, que les femmes ne sont pas… que des femmes, mais d'abord et surtout des êtres humains, capables des mêmes responsabilités que les hommes. Mais comme je n'attribuais à ma condition nul particularisme identitaire, nulle différence ontologique, sauf celle d'une biologie qui désormais n'est plus un destin, je trouvais simple de l'assumer au nom même de cet universalisme que j'avais choisi. Je suis une femme, et alors ? Cet équilibre entre le particulier et l'universel, j'allais en faire état en candidatant. Il y avait quelque chose d'apaisant dans ces constats, qui me mettait dans une situation juste, dénuée de gloriole et d'exaltation de soi mais, du moins je l'espère, tournée vers un service bien compris. Je crois pouvoir dire que cette expérience, qui est une expérience non seulement d'exposition de soi mais d'élation, est aussi un moment d'oubli de son propre ego. La force, l'intuition, les talents, tout ce que nous croyons posséder en propre et qui, de fait, nous définit aux yeux d'autrui, tout cela doit sortir de nous pour s'employer, le moins mal possible, se livrer au monde, à autrui, qui en fera ce que bon lui semble. En s'employant, l'ego se distrait de lui-même et s'accomplit. Que ma force, que mon culot – puisqu'on m'attribue cette aptitude – serve à d'autres ! Et je ne souhaitais plus qu'être le « serviteur inutile » qui rend à Dieu ce qui lui a été donné. Parce que la Bonne Nouvelle, ce n'est pas moi, mais c'est que Dieu est proche quand nous travaillons pour nos libérations mutuelles. Seul le serviteur inutile se réjouit de s'oublier, car il sait que son action, en allant vers autrui, retourne à Dieu. Et là est le lieu de sa joie.

Tout ceci me permettait de voir, au-delà de moi, toutes celles qui un jour seront enfin reconnues dans leur qualité d'êtres humains à part entière, majeures et responsables, et peut-être évêques, ou en charge de toute autre fonction qui leur est aujourd'hui déniée. En cet instant sorti du temps que m'offraient ma photo et sa légende, combien d'années d'interdits, d'assignations, de réclusions faites aux femmes partaient en fumée ? Toute ma représentation de l'Église volait en éclats et laissait place à une autre, encore floue, mais déjà familière, car l'institution, d'un coup, devenait proche de nous. Et surtout, elle était affranchie de ce cléricalisme qui la rongeait. Cela me rappelait le retournement inimaginable qu'avait généré en moi le pape marié du grand roman, prémonitoire, de Christine Pedotti, alias Pietro De Paoli, *Vatican 2035*[2]. Là aussi, il fallait oser marier un pape, même dans une fiction ! Par son geste comme par le mien, la différence entrait enfin dans notre Église. Oh, encore par une porte dérobée, celle de la fiction, celle du « pourquoi pas », mais qui finit par tapisser les consciences de son bon sens, de sa logique, de son dynamisme. Oser la différence ! Quel pas important ce serait pour l'Église catholique !… Cette différence des sexes, si vantée par Rome, mais honteusement dévoyée à des fins politiques dans les débats de société récents ! Si ostensiblement tenue pour l'œuvre majeure du Créateur quand il fallait ferrailler contre le « mariage pour tous », mais si bafouée par un clergé de clones qui refusait de la vivre, voilà qu'elle était portée au grand jour, livrée au débat, soumise au verdict de l'opinion. Une « autre » que ces « mêmes » habituellement désignés voulait devenir évêque. C'était véritablement un autre visage de l'Église qui se dessinait sur la ligne de mon horizon.

Au fur et à mesure que je m'accoutumais à l'idée, je me répétais, en boucle : « Femme et évêque… et pourquoi pas ? » Et cette rengaine libérait en moi un flot longtemps retenu qui s'écoulait dans une douce béatitude. Et au fur et à mesure que j'en exorcisais l'incongruité, la joie, une joie sans nuage, aérienne, la remplaçait, accompagnée du sentiment d'une liberté gagnée, chèrement, puis offerte à toutes. Oui, la liberté m'inondait de sa légèreté, de sa fraîcheur, et je brûlais de la voir se communiquer à d'autres femmes.

Ce dimanche 24 mai, dépourvue de toute inquiétude, constatant que ma candidature me procurait de la joie, et que cette raison était la seule qui vaille, je transmis mon dossier à la correspondante lyonnaise de l'agence France Presse, qui me téléphona le jour même afin de construire une interview qui serait publiée le lendemain matin. J'envoyai alors par mail ma demande dûment motivée au nonce et à la presse.

Cette fois, la cause sera entendue ; je ne sais pas encore par qui, mais elle le sera. Maintenant encore, je suis surprise du lent travail intérieur, des butées, des contournements, des aveuglements que j'ai dû traverser avant d'oser parler. Désormais, l'idée d'une femme archevêque est livrée à d'autres consciences que la mienne, qui la muselleront ou l'accueilleront, la feront peut-être grandir et entrer dans la réalité.

3

Comme des ours devant du miel

La journaliste qui recueillit ma candidature, ce dimanche 24 mai, avait beau être jeune et remplaçante, elle fit son travail avec une attention qui m'alerta. J'avais déjà eu maintes fois l'occasion d'envoyer des communiqués à la presse pour des sujets que je jugeais importants, comme le premier conclave de femmes, en mars 2013, juste avant l'élection du pape François, pour savoir que les journalistes sont des petites souris qui ne prennent que ce qui convient à leurs papilles. La nouvelle de ce conclave n'avait suscité que très peu d'écho. Mais ce matin, l'empressement de cette jeune femme me fit vite comprendre que l'idée l'intéressait. C'était devenu la sienne. Je me dis alors que je venais de rompre les amarres d'une barque qui allait prendre le large. Qu'allait-il advenir de ce petit esquif tout neuf qui sortait du chantier de mes élucubrations ? Moi la marraine qui l'avait jeté à la mer, qu'allais-je encore pouvoir faire pour lui ?

« Dépoussiérer l'Église catholique »

À la suite de cette jeune femme, les journalistes couvrirent l'annonce avec empressement et gourmandise. Ce n'étaient plus des souris devant un fromage, mais des ours devant du miel. C'est pourquoi la critique qui m'a été parfois adressée d'avoir « médiatiquement orchestré » ma candidature n'a pas de sens. Autant il est logique de bâtir un « plan médias » pour une campagne en faveur du cacao ou d'un parti politique, autant on ne fait pas naître une idée qui n'est pas déjà en gestation dans l'opinion. D'évidence, la féminisation de l'Église catholique, particulièrement résistante à l'émancipation des femmes, est attendue et souhaitée par la majorité des catholiques et par la société civile.

Dès le lendemain matin, mon téléphone sonna souvent. Pendant les trois jours suivants, j'eus environ sept à huit sollicitations de presse – radio, papier et télévision – par jour. D'interview en interview, je découvris que mon rôle, même s'il changeait, restait important, parfois presque lourd à porter. Était venu le moment de payer de ma personne en me consacrant aux interviews et à leurs préparatifs techniques, en prenant connaissance des messages reçus sur ma messagerie de soutien[1]. J'étais maintenant la brise de terre qui soufflerait sur les voiles du petit esquif qui prenait le large. Les questions qui revenaient étaient : pourquoi voulez-vous être évêque ? Avez-vous des chances ? Qu'a dit le pape ? Pourquoi Lyon ? Pourquoi une femme combattrait-elle mieux les abus qu'un homme ?…

Je me rendis alors compte que, sans l'avoir consciemment voulu, le niveau auquel j'avais candidaté était sans doute celui qui pouvait avoir le plus d'impact sur l'opinion. Si j'avais candidaté pour être prêtre, outre que cela ne correspondait pas à mes aspirations personnelles, ce n'était qu'une redite. Cette voie, les « femmes du Danube », au nombre de sept, l'ont empruntée en 2002[2]. De surcroît, je me serais heurtée aux deux *niet* de Paul VI et Jean-Paul II. Si j'avais candidaté pour être évêque à Luçon, cela aurait eu un retentissement plus théorique et moins médiatique. Si j'avais candidaté pour être pape, ce qui ne m'est jamais venu à l'esprit, cela aurait été le comble du mauvais goût : il aurait fallu perturber le deuil du pape défunt par une annonce incongrue et peu plausible. En outre, la médiatisation extrême du diocèse lyonnais apportait un argument de poids à ma candidature, car la crise des abus, particulièrement grave à Lyon, témoignait pour moi, qui martelais que la présence de femmes à la barre aurait permis de briser l'entre-soi masculin clérical. Comme la chaussure perdue de Cendrillon s'ajustait à son pied, ma candidature à l'archevêché de Lyon était sans doute la plus adaptée à rencontrer une opinion bien disposée, par le truchement de médias qui ne demandaient que cela.

« Défier », « secouer », « dépoussiérer l'Église catholique » : les titres des articles disaient combien l'Église donne l'image d'une vieille dame fatiguée qui peine à retrouver de la vie. J'abondais dans ce sens en répétant que ma démarche n'était pas « contre », mais que c'était une main tendue pour un renouveau. Les médias catholiques furent assez circonspects. Sauf exception, on parla davantage de « provocation » que de cure de rajeunissement, et on ne chercha pas toujours à creuser avec moi les attendus de ma candidature. Prudence révélatrice de la division actuelle du catholicisme français et, plus largement, occidental.

« La nonciature a-t-elle répondu ? »

Cependant, tous s'accordaient sur la question des lecteurs : qu'allaient répondre la nonciature et la Conférence des évêques ? Une journaliste m'a rapporté que la Conférence des évêques ne communiquerait pas sur le sujet. La CEF ne vit d'ailleurs aucun problème à être précédée par le président de la Conférence épiscopale d'outre-Rhin, qui rappela, dès le 3 juin, qu'il était temps d'aborder sérieusement la question de l'accès des femmes à la gouvernance[3]. Certes, les évêques ont interdiction de débattre publiquement sur la question de l'ordination des femmes. Ils doivent donc se taire, ou s'ils se risquent à s'exprimer, c'est au prix de quelques pirouettes. Mais puisque certains osent, comme le cardinal Hollerich qui, le 18 septembre, n'a pas mâché ses mots[4], pourquoi pas les autres ? Tardivement, le 22 juillet, la CEF a fait savoir qu'elle était « lasse de toutes ces provocations » et que les femmes dans l'Église étaient « heureuses et épanouies[5] ». Ce type de réponse est un invariant des discours épiscopaux : des hommes répondent pour les femmes. Réponse purement défensive, car la plupart des femmes qui ont été interrogées par la presse catholique[6] constataient un « problème des femmes », et se distinguaient surtout entre elles par la manière de le résoudre, tandis que les femmes qui, dans les médias, se sont dites « épanouies et heureuses » se comptent sur les doigts de la main. Enfin, je confirme que je n'ai reçu aucune réponse de la nonciature[7].

Cette audience médiatique, bien sûr, interroge. Comme l'a fait remarquer Mgr Pascal Wintzer, archevêque de Poitiers, « il n'est plus si courant que des médias nationaux consacrent leurs titres à un fait touchant l'Église catholique, hormis les cas de scandales sexuels[8] ». Je suis heureuse que la nomination virtuelle d'une archevêque femme, venue du commun des catholiques, ait pu démontrer l'intérêt d'autant de médias non confessionnels. Il faut certainement voir dans ce succès la force d'un tabou levé, la puissance symbolique d'une nomination prestigieuse et l'amusement d'une image décalée, celle d'une femme crosse en main et mitrée, comme l'a imaginée le journal catholique satirique *Golias Hebdo*, qui au-dessus de ma caricature titrait en une du numéro 627 : « Ciel ! Une femme ». Mais c'est loin d'être la motivation majeure. J'ai été surprise par le très fort capital de bienveillance des journalistes en faveur d'une Église catholique qui ne serait pas ce poste de douane dénoncé par le pape François, mais une Église inclusive, vivante, protectrice des personnes et à leur écoute. J'ai nettement perçu, à plusieurs reprises, une certaine nostalgie d'un catholicisme auquel il ferait bon croire. « Mon fils n'est pas baptisé…, dit une dame avec une pointe de regret. Des catholiques comme vous, il en faudrait davantage. » Je suis prête à penser que ces « anciens » catholiques ont trouvé dans ma démarche un signe d'espoir pour une religion qu'ils ont probablement délaissée sans en avoir abandonné les valeurs.

Cette curiosité des médias faillit pourtant me faire trébucher. Dès la semaine du 25 mai, j'avais essayé de joindre le curé de mon village. Nos agendas ne coïncidant pas, nous avons convenu, par messages interposés, d'une rencontre un peu lointaine. Mais lorsque je compris que monsieur le curé risquait de voir dans le reportage de France 2, puis dans celui du *Dauphiné libéré* la photo du clocher de son église – un beau clocher du XIVe siècle, œuvre d'artisans piémontais itinérants qui louaient leurs services aux communes du Piémont et du Dauphiné –, avant de savoir de laquelle de ses paroissiennes venait le coup, je hâtai notre rencontre. Nous eûmes un long et chaleureux moment d'échange. Il me dit d'emblée qu'il ne partageait pas ma position, sans toutefois me dire quelle était la sienne. En nous quittant, je lui rappelai que je ne la connaissais toujours pas, et nous nous promîmes d'y revenir une autre fois. J'ai appris depuis qu'au moins l'une des sept candidates du 22 juillet[9] avait elle aussi informé son curé de son projet en l'invitant à dîner. En évoquant la chose, elle et moi, nous avons vérifié qu'il nous était indispensable d'échanger de visage à visage avec le référent naturel de notre vie d'Église sur une décision aussi conséquente, pour chacune, mais aussi pour le curé.

Tant d'études pour n'en rien faire

Dans l'opinion aussi, le débat a été vite ouvert. Enfin, si l'on veut. Car des condamnations sont tombées, sans appel et plus drues que la grêle. On m'a rapporté les charmants noms d'oiseaux dont j'ai été affublée sur les réseaux sociaux. Au-delà de ce cercle pathologique, la désapprobation a été vive. Une religieuse a dit : « Mais cette dame est-elle encore catholique ? » Une autre, que « les femmes ont la prière et n'ont besoin de rien d'autre ». Une dame m'a invitée à faire pénitence.

Dans l'ensemble, ces courriers reflètent ce que vivent aujourd'hui les catholiques et la manière dont ils se positionnent face à leur institution. Un certain nombre vient de femmes qui se sentent désormais le droit de parler et d'écouter leur désir de service dans l'Église. Une religieuse souffre de mettre sous le boisseau ses études et ses capacités : « Je suis religieuse moniale, et j'ai fait de solides études de Bible, théologie, droit canonique, etc., en plus d'être bac +5 et d'avoir fait une carrière de cadre dans les RH. Je soutiens totalement votre démarche, parce qu'il n'y a aucune raison que la maison de Dieu soit l'apanage des hommes et qu'ils s'en servent pour assouvir leur désir de pouvoir. »

Un homme se réjouit que « je donne un sacré coup de pied dans la fourmilière des certitudes et de ce pouvoir mâle ». Cette image fréquente du coup de pied dans la fourmilière – ou parfois du pavé dans la mare – évoque la jouissance désespérée de celui qui ne peut rien faire car il n'a aucune voix au chapitre. Cela en dit long sur l'impopularité d'une institution qui n'offre que des succédanés d'écoute et de coopération.

Louise, une femme de trente-neuf ans, mère de six enfants, m'écrit : « Je suis active professionnellement et féministe (mais comment ne pas l'être ?!), investie dans l'éveil à la foi, mais j'étouffe dans l'Église catholique.

Dans mon diocèse, l'évêque a pu avoir des propos très misogynes. »

Marie, elle, s'étonne de la simplicité de ma démarche : « Peut-être est-ce un courage tout simple, car il y a une évidence dans le geste que vous faites. Vous ne pouvez pas savoir toute la joie que vous nous donnez ainsi. »

Le message de Marie-Anne est à l'image de beaucoup : « Catholique, j'ai été engagée dans le mouvement scout et très longtemps dans la catéchèse. Je suis maintenant totalement éloignée de l'Église. Je ne supporte plus la gouvernance centralisée voire sacralisée des prêtres, leur certitude d'être Dieu sur terre, leur exercice monarchique du pouvoir (valable pour beaucoup de prêtres et encore plus d'évêques). Ne sont-ils pas “au service” et non à la direction du peuple ? Où est l'humilité ? »

Ces témoignages sont à compléter par une pétition qui a recueilli près de 18 000 signatures. Son positionnement, à distance d'une pratique régulière, a attiré beaucoup de personnes entre trente et cinquante ans, en bonne part des jeunes parents préoccupés de savoir que transmettre à leurs enfants. Ceux-ci se sentent souvent abandonnés par une institution qui choisit de consacrer les heures de catéchèse à écarter les adolescents de la contraception plutôt qu'à déployer le contenu de la foi. Du côté des religieux et des religieuses, des voix se sont aussi manifestées pour me dire leur souhait que l'Église s'ouvre vraiment aux femmes. Un groupe de femmes protestantes affirme que ce qui est en jeu n'est pas un combat catégoriel pour les femmes, mais la vision d'une Église comme communauté d'hommes et de femmes. « Nous n'avons alors aucune leçon à donner. Nous recevons ta candidature comme un encouragement à continuer à travailler dans nos propres Églises. Nous te souhaitons de garder ta joie, ta candidature ne peut être un échec, car elle est posée. »

4

Quelques jours à Lyon : mitre, crosse, croix et anneau

Les quelques journées passées à Lyon pour rencontrer journalistes et photographes furent importantes, car elles donnèrent corps à ma candidature. J'avais maintenant l'occasion de me souvenir, concrètement, des propos que j'avais tenus quelques jours plus tôt dans mon dossier de candidature. J'y avais en particulier rappelé ceci : « J'ai vécu à Lyon pendant quatre ans, de 1982 à 1986. Beaucoup de choses ont changé depuis, mais je gage que l'âme de Lyon est restée la même. Les charismes des Lyonnais sont discrets, mais d'une incroyable efficacité. En de nombreuses circonstances, j'ai pu observer combien le monde associatif était à l'écoute des situations difficiles. Sitôt qu'une nouvelle précarité était identifiée, une association *ad hoc* se constituait. [...] j'ai appris des Lyonnais le refus du paraître, l'aptitude à des relations humaines profondes et le goût des choses de Dieu. Oui, je peux dire que Lyon est un diocèse qui pousse vers Dieu, qui "enthousiasme". »

Quand la photographe de *La Tribune de Lyon* m'entraîna à la cathédrale Saint-Jean, je pris d'abord peur.

Le choix de l'endroit m'impressionnait. Était-il judicieux ? Non que le fantôme du tabou enfreint m'ait reprise au collet, mais c'était l'histoire chrétienne qui me rattrapait. Tandis que je pénétrais lentement dans cette cathédrale bercée du silence d'une après-midi ordinaire, je sentais la fonction cogner à ma porte. Je n'étais plus une candidate, mais je devais devenir l'évêque. Qu'allais-je faire de cette longue histoire chrétienne qui me précédait et que chaque évêque honore ? Si je me posais la question, c'est que, pour l'heure, je ne m'imaginais pas entrer dans une cathédrale avec quoi que ce soit d'autre que mes vêtements habituels – un petit blouson rouge vif, bien utile en ce jour de pluie, et dans lequel je me sentais bien. En robe, pourquoi pas ? Longue, pourquoi pas aussi ? L'occasion était trop belle de reconquérir des critères de genre que le clergé, plus transgressif qu'il ne veut bien le faire croire, s'était arrogé. Mais surtout, je constatais que plus je m'approchais de ces lieux emblématiques du pouvoir de l'évêque, plus je m'appuyais sur l'ordinaire de ma personne, en souhaitant ardemment que l'évêque des Lyonnais soit quelqu'un qui vive la vie de tout le monde. Et je résistais à tout cet appareil vestimentaire qui sentait la poussière et dont je craignais qu'il ne m'éloigne des modes de vie communs. Au temps où je vivais à Lyon, je n'aurais pas dit cela, car le fossé entre clercs et laïcs n'était pas si marqué. Aujourd'hui, il est devenu trop profond pour que j'aie l'opportunité ou l'envie de dire de l'évêque de mon lieu de vie : « C'est mon évêque. » Mais j'avais beau résister, tout l'édifice démentait mon souhait. Les colonnes de la cathédrale semblaient se liguer pour m'entraîner dans leur monde, celui d'hier. En avais-je dépassé une, qu'une autre était là pour amplifier le message venu du passé. Je finis par les entendre. Vivre la vie de tout le monde, disaient-elles, n'efface pas l'histoire. Toi aussi, tu hérites de nous. Et Dieu sait que la fonction épiscopale, la plus ancienne de l'Église, est chargée d'histoire !

Tandis que j'avançais dans la belle nef claire, je me demandais, les yeux rivés sur le chœur, comment se comporter devant un patrimoine qui a autant modelé les mentalités d'un peuple. Me revenaient en mémoire des noms d'évêques qui avaient marqué leur temps. Rien qu'en France, je pensais à Bossuet, à Fénelon, à Mgr Affre, fusillé sur une barricade en 1848 pour sa tentative de paix, à Mgr de Belsunce, admirable de compassion devant les victimes de la peste de 1720 à Marseille, à Mgr Saliège, archevêque de Toulouse, qui soutint les Juifs pendant la dernière guerre. Quelle dette avons-nous ! Comment leur être fidèles ? Plusieurs journalistes m'ont d'ailleurs titillée sur le sujet : comment voudriez-vous que l'on vous appelle ? « Ma Seigneur » ? « Ma sœur », ai-je répondu sans hésiter. Porterez-vous la mitre et la crosse ? Question embarrassante ! Je savais que les évêques anglicanes et l'archevêque luthérienne de Suède, Antje Jackelén, sont, dans leur activité liturgique mais aussi à l'occasion des cérémonies publiques, dûment mitrées et crossées. Allais-je les imiter, ou jeter au panier toutes les traditions, leur reprochant d'avoir si longtemps interdit l'épiscopat aux femmes ? C'était un peu court. Mais sur quel critère appuyer mon discernement ?

Je n'étais pas prise au dépourvu. J'avais depuis longtemps appris que la montée des droits des femmes au cours des deux derniers siècles avait été concomitante avec celle des droits humains. Ces derniers sont devenus, en France tout au moins, des principes constitutionnels. Le libre accès des femmes à toutes les fonctions sur le territoire national en est une application. Et nul ne peut s'en dispenser. Sauf… ceux que le droit public a pris l'habitude d'appeler « les cultes », terme qui désigne bien mal les religions. Eux, au nom de la liberté religieuse, grand principe acquis dès 1789, ne peuvent subir d'intervention de l'État dans leur organisation interne. Mais que faire quand la liberté religieuse heurte nos conceptions des droits humains ? Et comment protéger les citoyens des possibles excès des religions en matière de libertés publiques ? S'il n'y avait ce verrou de la liberté religieuse, l'État aurait depuis longtemps demandé aux institutions religieuses de se conformer au respect de ces droits, et d'accueillir des femmes. Je me trouvais donc devant un conflit de loyauté : étais-je une citoyenne ou une catholique ? Ma réponse allait de soi : au nom même de mon catholicisme, je serais citoyenne. Et je me donnerais comme principe d'appliquer les droits humains, place des femmes comprise, dans le diocèse dont j'aurais la charge. Je sais que mon choix ne serait pas celui de tous. Mais si je deviens évêque, cela aura été la preuve que ce verrou a été antérieurement levé. Par conséquent, j'accueillerais les diverses traditions dont un évêque décide d'user ou de ne pas user en fonction de leur compatibilité avec les droits humains. Tel serait mon principe directeur.

Par ailleurs, au risque d'en contrarier certains, je ne suis pas une soixante-huitarde attardée. En 1968, je n'avais aucune conscience politique et rien encore ne m'avait permis de prendre la mesure des usures et des aspirations de la société des années 1960. Par contre, j'ai toujours admiré les personnes, les pays ou les régions qui essaient de tenir l'équilibre entre tradition et modernité. Cela impose un dosage très subtil entre l'adaptation aux changements technologiques et les besoins des personnes. Car ces dernières, en matière de tradition, n'ont pas des attentes constantes. La frénésie actuelle des mots « terroir », « retour aux sources », « racines » et autres montre clairement la corrélation qui existe entre les deux pôles. Plus la modernité s'invite dans la vie, privée et publique, plus il faut, en même temps, faire vivre des traditions signifiantes et pouvoir s'y appuyer. Quand j'avais une vingtaine d'années, la modernité était souriante et, dans l'opinion commune, la tradition sentait le beurre rance. Il en était ainsi dans la société civile autant que dans l'Église, où des courants catholiques dits progressistes ont à la fois retrouvé une assise évangélique et bruyamment tempêté contre les traditions ancestrales. Mais leur critique a-t-elle atteint son but ? Balayer les traditions m'est souvent apparu comme une fausse solution qui évite d'interroger le message de foi que l'on porte. Le problème, ce ne sont pas les traditions en elles-mêmes, c'est de rester ouvert à leur message. Si plus personne ne sait dire pourquoi on fait le signe de la croix en entrant dans une église, alors ce n'est plus la peine de le faire. Mais ce n'est pas en y renonçant que l'on se portera mieux, ni que la foi grandira. La question ne peut se résoudre qu'en rendant un sens – le leur, si possible ! – à ces traditions.

Or le sens qui avait été donné à certaines traditions, lorsqu'il a été perdu, ne se reconquiert pas en redonnant simplement l'information manquante : il est à vivre. Et pour le vivre, il faut le ritualiser par un geste qui mobilise tout votre être et se vivra selon un tempo régulier : tous les soirs, ou tous les premiers lundis du mois, ou tous les ans… La responsabilité d'un évêque est, pour chacune des traditions concernées, de vivre tout ce parcours avec ses fidèles. Il est un personnage public, on attend de lui qu'il se plie aux savoir-faire de toujours, aux discours convenus, aux remerciements appuyés. Il n'a pas le choix, car la fonction appelle des rites. S'il les subit, cela se verra, et cela contribuera à accélérer la mort du rite, donc à réduire ses auditeurs. Mais l'évêque ne doit pas seulement céder à des convenances ; il doit habiter les rites, et il doit le faire de bon gré, en sachant le bien qu'ils apportent. En donnant vie à une tradition, les rites relient les fidèles à leur histoire. Les traditions sont l'une des machines à remonter le temps, une main tendue vers ce qui nous a précédés. Plus le présent et le futur sont noyés dans un nuage d'incertitude, plus le passé doit rester accessible, non pour être copié, prolongé indéfiniment, mais simplement pour rassurer par le sentiment de continuité qu'il procure. Pourquoi Dieu, au livre de l'Exode, dit-il à Moïse : « Je suis le Dieu d'Abraham, le Dieu d'Isaac et le Dieu de Jacob[1] », sinon pour que cette révélation de Dieu lui soit plus familière ? La trace du passé, sa manifestation visible dans une cérémonie ou une rencontre continue à nourrir non seulement ceux qui la mettent en œuvre mais ceux qui la voient et y puisent des forces pour s'assumer et affronter l'avenir.

Aussi, plutôt que de remiser mitre, crosse, anneau et croix dans les greniers de l'archevêché, mieux vaut essayer de faire le tri. D'abord, garder les objets dont le sens est encore perceptible. La crosse en est un exemple. Elle a été choisie autrefois par analogie avec le bâton du berger, le « bon berger » qu'était Jésus, lui qui avait le souci constant de son troupeau au point d'aller chercher la brebis égarée. Dans les mains de l'évêque, la crosse souligne son rôle de pasteur qui sait rassembler. Mais c'est un objet ambivalent, car le bâton du berger lui sert aussi à donner un bon coup sur l'échine des moutons qui ne filent pas droit. Et comme l'image du troupeau bêlant a longtemps désigné un peuple de fidèles passifs, elle n'est pas très heureuse aujourd'hui où beaucoup aspirent à quitter cet état. Faut-il donc continuer à la filer ? Je pencherais tout de même pour le oui, car l'image d'un Jésus rassembleur de ses brebis reste plus forte que le « coup de crosse » infligé aux récalcitrants. Je n'oublie pas non plus que le bon berger, le matin, marche en arrière de ses brebis car elles seules savent où l'herbe sera bonne. En revanche, le soir, il marche devant pour les ramener à l'étable. L'autoritarisme éventuel d'un évêque ne parle plus guère qu'à la petite équipe de personnes qui travaille directement avec lui. Garder la crosse est donc un risque calculé : ainsi, des évêques anglicanes, on a dit avec humour qu'elles cherchaient des crosses. De moi, on dit déjà la même chose, sauf que les coups de crosse, je les ai déjà abondamment reçus de la part de catholiques mécontents. D'une certaine manière, la crosse m'est déjà familière...

La mitre, par contre, n'est que la survivance ancienne du port d'un couvre-chef, prérogative qui était le signe d'une distinction. Elle n'apporte rien, sauf qu'elle est associée à l'évêque et qu'elle solennise sa fonction. Les raisons de s'en passer pourraient être convaincantes. Mais le besoin de traditions parle en sens inverse. Je garderais la mitre, à condition qu'elle soit la plus discrète et… la plus stable possible, sinon je ne garantis pas qu'elle reste sur ma tête longtemps. Crosse, mitre… et de deux !

L'anneau épiscopal, troisième objet requis par la fonction épiscopale, a le sens donné à tout anneau : celui d'un lien, double, entre l'évêque et l'Église, et entre Dieu et son peuple. Mais puisque le pire côtoie souvent le meilleur, baiser l'anneau est une tradition qui existe encore, par glissement d'une autre coutume, celle de baiser l'anneau des puissants de la terre, ou de s'agenouiller devant eux. Adieu donc, pour moi, le baiser à l'anneau ; ce qui, je pense, est déjà le cas pour la plupart des évêques. L'anneau n'est pas pour la soumission mais pour le lien. Avec cette vocation, il est un attribut symbolique très fort de l'évêque. Lorsque celui-ci se lave les mains, lorsque l'anneau frotte ses doigts, la mémoire du lien peut se raviver. Autant de visages, autant de liens. À garder. Et de trois !

Enfin, l'évêque porte une croix autour du cou. Elle est souvent si large et son cordon si long qu'elle semble battre la mesure devant son nombril, surtout si un petit bedon la fait dodeliner. Auquel cas, il lui faut le sautoir pour la maintenir en place, ce qui confère une belle prestance à celui qui la porte… Curieusement, les journalistes ne m'en ont pas parlé alors que c'est l'essentiel. Essentiel car la croix est la référence commune à tous les chrétiens. Tous ont reçu une croix à leur baptême et, même s'ils ne la portent pas toujours, ils savent qu'elle les identifie. Je garderais la croix, bien sûr ! Mais j'éviterais de la porter sur le ventre. Je la calerais plus haut, avec sautoir, entre mes deux seins.

Reste enfin la question initiale qui me préoccupait en entrant dans la cathédrale Saint-Jean : que faire des traditions quand on a avec elles un contentieux aussi fort que l'ont les femmes ? Pour y répondre, il faut s'entendre sur ce que l'on appelle tradition. Le plus souvent, les défenseurs de la tradition se contentent de remonter à leur enfance pour en définir les traits. Et l'émotion de ces doux souvenirs cingle leur détermination. Mais ce qu'on appelle « la Tradition » en christianisme va bien plus loin que cette évocation. Cela consiste à exprimer au mieux, et dans tous les contextes culturels possibles, l'esprit qui a présidé à l'enseignement de Jésus. Les premiers grands auteurs du christianisme, ceux qu'on appelle les Pères, n'étaient pas des copistes tatillons et bornés, mais des inventeurs dont l'audace effraierait les traditionalistes d'aujourd'hui. Ils avaient la charge d'insérer dans la culture gréco-romaine le message d'un rabbi juif qui semblait de nature à balayer toutes les frontières. Ils se sont donné les moyens de faire du neuf entre deux cultures. La Tradition est donc porteuse de génie créatif, d'adaptabilité, de progrès, de bien-être et de « bien-croire ».

Cette Tradition n'a guère de quoi inquiéter les femmes. Elle n'est pas une crispation sur le passé mais le bienheureux retour aux sources vives de l'Évangile. L'esprit de Jésus est inclusif : il n'a que faire des spécificités de genre. Aussi n'ai-je pas peur des

Pères, en tout cas pas des premiers d'entre eux, car hélas, dès le début du IVe siècle, le tropisme machiste gréco-romain reprit vite le dessus et les femmes en pâtirent plus que toute autre catégorie sociale. Mais si l'on respecte cette distinction entre la Tradition et les traditions, il n'y a aucune raison de penser que les femmes seraient hostiles aux traditions : elles sont comme l'ensemble des êtres humains : partagées entre la soif de nouveauté, parfois de progrès, et sensibles aux besoins de leur époque qui, parfois, appelle les traditions à l'aide.

À la demande de la jeune photographe qui m'invitait à une dernière série de photos, je m'assis, l'esprit rasséréné, appuyée sur la base d'un pilier, sentant dans mon dos filer vers le ciel la longue élancée de pierre. Arrimé au passé, l'évêque en moi se sentait déjà un peu responsable de cette histoire qu'il devait mettre à la disposition des fidèles pour qu'elle les aide. Me sachant bien ancrée dans mon temps, ouverte à l'avenir, je pouvais me permettre ce regard bienveillant, presque gourmand, sur le passé. En souriant à la photographe, je murmurais par-devers moi : faire passer, tenir la main de celui qui passe, voilà le travail de l'évêque. Pâques est un passage, nos vies sont des passages… Passer est le mouvement où Dieu se trouve. Si l'on s'appuie sur son passé, ce n'est que pour mieux avancer. Ayant fini son ouvrage, la photographe poussa la lourde porte de la cathédrale et une fois dehors nous prîmes congé en nous remerciant mutuellement. La pluie avait cessé. Je vis alors venir vers moi, depuis la terrasse d'un café où il avait capté le premier soleil de la journée, le journaliste suédois avec qui j'avais mon rendez-vous suivant. Nous allions parler de Lyon, mais aussi de la Suède et de son archevêque luthérienne. « Une femme ? C'est déjà de l'histoire ancienne…, me dit-il avec un clin d'œil complice. Maintenant, c'est une telle évidence… »

5

Le chapelet des objections

Passons maintenant aux objections argumentées. Un bon nombre vient de personnes privées, femmes et hommes, qui ne sont ni des militants notoires ni des personnes suspectes d'excès. Si je ne me trompe pas, il m'est reproché de causer le scandale en provoquant. De braver les règles millénaires de l'Église pour des convenances personnelles ou par orgueil, ou pour des petits profits que je pourrais en tirer dans des cercles mondains. J'admets que j'ai choqué certaines personnes, et j'en suis désolée, car je ne cherche ni l'éclat ni la posture. Mais comme je l'ai expliqué plus haut, je considère comme tout à fait normal qu'une femme devienne évêque. En me taisant, j'aurais donc été plus malhonnête envers moi-même qu'en candidatant. Et si j'en crois les réactions des nombreux trentenaires et quadragénaires qui n'ont rien connu d'autre qu'une société égalitaire, une femme évêque, cela va de soi. Comme il s'agrandit dangereusement, l'écart entre ce qui est advenu dans la société et ce qui se passe dans l'Église !

La politique des petits pas

Un prêtre m'a reproché de minorer la place de la prière et d'oublier qu'être appelé à la sainteté est une vocation mille fois plus noble qu'exercer un pouvoir. J'avais déjà souvent entendu ces objections, je les ai même faites miennes, en un temps. C'est vrai, la vertu de la prière n'est pas à démontrer et la sainteté est un appel pour tous. Mais la méthode est surprenante. Elle consiste à opposer des disciplines (prière ou sainteté et pouvoir) qui ne sont pas du même ordre, pour interdire à ceux qui usent de l'une d'user de l'autre. En effet, invoquer la priorité de la prière ne doit pas conduire à négliger les responsabilités éthiques. Ne peut-on prier dans l'action et devenir saint par ses actes, fussent-ils accomplis – pourquoi pas – dans l'exercice d'un pouvoir ? De tels arguments contribuent, en faisant de la sainteté et de la prière des affaires de femmes, à les dévaloriser – car elles perdent leur qualité de biens universels, donnés aux hommes comme aux femmes – et à faire croire que la sainteté est incompatible avec la responsabilité de gouvernance. Papes et évêques ne prient-ils pas ? Quand on voit la propension du Vatican à canoniser les papes, on a envie de sourire.

Une autre objection fréquente est de me reprocher, non le fond de ma demande, mais sa forme. Ainsi, les médias catholiques opposent la « méthode Soupa[1] » à celle des « petits pas ». Par ce tour de passe-passe, on évite de dire que l'on manque d'objections sur le fond. Et, avantage tactique en faveur de l'institution, on divise les partisans du changement en deux camps que l'on voudrait bien poser comme irréconciliables. La politique des petits pas, qui consiste à plaider sa cause par la preuve des faits, de l'intérieur, est souvent invoquée dans l'Église. C'est même la méthode la plus évangélique qui soit. « Venez et voyez[2] », disait Jésus aux premiers disciples. Quelle femme dans l'Église n'accepte d'être jugée sur ses actes ? Rien qu'en France, des centaines de milliers de femmes engagées essaient, depuis des dizaines d'années, de faire bouger les choses là où elles sont. Résolument constructives, elles sont convaincues – ou se convainquent – que c'est par leur contribution que sera démontrée leur aptitude à davantage de responsabilités. Et qu'enfin « ils finiront par comprendre » et que « cela va bouger », que… « cela bouge déjà ». J'ai moi-même longtemps exercé cette forme de militance douce, très douce. Mieux vaut travailler de l'intérieur, se dit-on communément entre femmes. Comme si le slogan résumait le sujet, une fois que l'on s'est tout dit. Preuve que l'on tâtonne, et même que souvent l'on perd espoir.

La majorité des femmes que je rencontre, impliquées dans des paroisses, des diocèses, des universités, des médias catholiques, des facultés de théologie, privilégient la méthode des petits pas. Certaines par un choix conscient, d'autres en regrettant amèrement la privation de liberté qui s'ensuit. En somme, le quotidien des femmes catholiques est de choisir entre le chien et le loup de la fable de La Fontaine. À une enseignante dans une faculté catholique, son doyen a dit que si elle adhérait au Comité de la Jupe, elle perdrait son poste. Je cite ce fait sans paranoïa ni goût de la fronde. Il y en aurait d'autres, d'innombrables autres, qui montreraient que les femmes sont retenues par la menace, franche ou suggérée. Mieux encore, ce sont elles qui s'autolimitent dans leurs demandes, d'autant plus que le discours institutionnel vante de façon immodérée et mal appropriée cette belle humilité qui les fait ressembler au Christ. C'est, en particulier, le discours type qui est tenu aux religieuses. Et si d'aventure elles se plaignent de leur sort, leur directeur de conscience saura leur montrer qu'elles participent ainsi aux souffrances du Christ.

Pourtant, malgré ces entraves, la plupart des femmes catholiques engagées sont heureuses dans ce qu'elles font : elles catéchisent, assurent une formation religieuse à des catéchumènes, visitent les malades, les prisonniers, enseignent la Bible ou la théologie. Tout cela leur apporte une réelle joie, car elles annoncent l'Évangile de tout leur être. Bon nombre d'entre elles préfèrent donc pouvoir continuer à exercer leur service plutôt que de « revendiquer », ce qui leur semblerait perdre leur temps pour une cause trop incertaine. S'il n'existait pas de pressions institutionnelles, sans doute seraient-elles plus actives pour promouvoir un changement. Ouvrons les yeux, les choses n'avancent guère. Depuis la fin du concile Vatican II, soit depuis cinquante-cinq ans, la question des femmes est posée. En vain. Preuve que l'institution reste sourde et veut le rester.

Comment verrouiller une porte et jeter la clé après

Cette surdité est une tragédie pour l'Église : de quelque façon que l'on prenne le problème, elle se renie. Non seulement elle est infidèle à son fondateur, non seulement elle trahit les femmes sans lesquelles elle ne serait qu'une maison ne tenant plus debout, mais enfin elle oublie les paroles du pape François au début de son pontificat. Lui qui a soulevé tant d'espoirs chez les femmes en promettant de vraies réformes[3] n'a pu que décevoir, à ne rien entreprendre de sérieux dans ce domaine. La modeste commission sur le diaconat créée en 2016 avorte, la suivante ne suscite pas beaucoup d'enthousiasme, même parmi ses membres. « J'avoue, dit la théologienne Anne-Marie Pelletier, que je ne suis pas d'un optimisme phénoménal[4]. » Ainsi, l'Irlandaise Marie Collins démissionne de la commission pontificale pour la protection des mineurs en 2017, la pédopsychiatre Catherine Bonnet fait de même en 2018, toutes deux pour non-écoute de leurs demandes au sujet des abus, et la journaliste Lucetta Scaraffia en 2019, pour divergences sur la question des femmes.

Alors, entre des petits pas qui s'effacent dans les sables romains, et la « méthode Soupa » dont on ne connaît pas encore l'efficacité, le pragmatisme voudrait que l'on ne néglige rien. Y aurait-il des catholiques inquiets de la sanction promise à ceux qui se compromettraient avec moi ? Regrette-t-on de ne pas être aussi libre que moi, qui ne suis salariée ni d'un diocèse, ni d'une faculté catholique, ni d'un média catholique, ni engagée dans une responsabilité paroissiale ? Je me souviens d'une conversation très chaleureuse avec Lucetta Scaraffia, alors rédactrice en chef de *Donne Chiesa Mondo*, le supplément femmes de *L'Osservatore Romano*, où je lui disais que son action, dans le cœur du réacteur romain, m'importait au plus haut point, parce que nous participions toutes à cette difficile et laborieuse transformation de notre Église. Mais que la condition de cette synergie était de nous abstenir de tout jugement sur les autres méthodes. La critique de la forme, en faisant le jeu de la division, devient une fin de non-recevoir sur le fond. La solidarité demande aussi que l'on sorte de son cadre personnel pour acquérir une conscience collective d'un problème. Puisque les petits ruisseaux font les grandes rivières, le travail commun est précieux.

Cette tension entre les modes d'action ne date pas d'hier. Elle est née avec le christianisme même. Paul a dû arbitrer un tel conflit entre plusieurs prédicateurs. Il leur dit : « Moi j'ai planté, Apollos a arrosé ; mais c'est Dieu qui donnait la croissance [...]. Celui qui plante et celui qui arrose ne font qu'un, mais chacun recevra son salaire selon son propre labeur[5]. » Qui peut aujourd'hui estimer ce que rapporte chacune des deux méthodes ? Chipoter sur la méthode ne peut conduire qu'à une issue : montrer que les femmes ne sont pas vraiment désireuses d'une évolution.

D'autres objections ressemblent à des dénégations. Elles ne peuvent convaincre sur le fond. La plus évidente est de rappeler d'un ton docte que, dans l'Église, on ne candidate pas, mais que l'on est appelé. Quelle fausse innocence dans cette affirmation ! Et elle se voudrait une leçon de morale... Une petite question m'a en général suffi pour y répondre : quel nonce viendra chercher une femme pour la placer dans une *terna* ? On reproche aux femmes de candidater mais on leur interdit d'être appelées. J'incline à penser que cette objection très immédiate est un succédané d'une objection plus profonde que l'on n'ose plus formuler : « Mais vous êtes une femme ! » Celle-là, je l'ai très peu entendue dans la presse catholique. Comme s'il était devenu indéfendable de soutenir que les femmes ne pouvaient avoir voix au chapitre, que c'était une thèse vraiment trop ringarde.

Certains affirment que ma candidature « cléricaliserait les femmes » au motif que l'évêque est un clerc. Cette objection ne date pas d'hier, mais sa radicalité semble continuer à séduire nombre de mes détracteurs. Elle a été formulée pour la première fois par le pape François, au tout début de son pontificat, au moment où beaucoup espéraient qu'il nommerait des femmes cardinales. Or il a fermé la porte en disant que ce serait les « cléricaliser[6] ». Formule jetée comme une sentence, si abrupte qu'elle laisse sans voix. Elle appellerait une autre question, trop crue pour lui être posée : alors que fait-on ? On attend que le système s'effondre de lui-même ? On « décléricalise » les diacres, les prêtres, les évêques, les cardinaux et les papes ? Et comment s'y prend-on ? Faudrait-il démettre tout le monde de ses fonctions pour inventer de nouveaux ministères « non cléricaux » ? Et si aucune des fonctions à responsabilité dans l'Église n'est adaptée aux femmes, que leur reste-t-il ? Rien. Pour celui qui l'utilise, l'argument peut servir à gagner du temps. Il permet de disperser les assaillantes. Mais il est constamment repris par des personnes peut-être sincères mais objectivement favorables au maintien du statu quo.

« Ces femmes veulent le pouvoir ! »

L'objection soulevée par le pape ne s'arrête pas là. Après avoir assené son refus, le pape console de ce refus. Sur le ton de quelqu'un qui va vous faire une révélation essentielle, il se lance : « Marie, une femme, est plus importante que les évêques[7]. » Autre sentence, aussi inconséquente, bâtie cette fois sur l'association de la carpe et du lapin. En effet, elle met en parallèle une femme des Évangiles avec des fonctions qui n'y figurent pas, mais ont été construites au cours de l'histoire de l'Église. Si le pape avait dit : « Marie est supérieure aux Douze », on aurait pu en déduire que Marie générait une fonction nouvelle, un ministère particulier comme celui qui a été dévolu aux Douze. Mais le pape n'en dit mot. Il est étonnant que de telles apories ne soient pas plus souvent débusquées. Elles consistent, lorsqu'on s'adresse aux femmes, à répondre par un simple recours à un passage ou à une figure des Écritures dont la teneur semble les valoriser. Et surtout, d'en rester là. Mais lorsqu'on s'adresse aux hommes, là, le magistère trouve chaque fois une fonction correspondante dans les Écritures. Si les employeurs ou les gouvernements avaient de tels moyens à leur disposition, ils sauraient briser dans l'œuf tout mouvement social… Mais, Dieu merci, disent nos clercs, l'Église ne fonctionne pas comme les organisations du monde…

Une autre objection sent l'entourloupe. Elle consiste à soutenir que les femmes de mon genre veulent du pouvoir. Oh, cela ne se dit jamais en face mais se susurre en petits cercles. Ainsi, à m'avancer à ciel ouvert et sans armure en formulant ma demande de gouvernance, j'ai vite été accusée de sombres manigances diaboliques. Il faut savoir que, dans l'Église catholique, le pouvoir est par nature mauvais. Nul n'a oublié le commandement de Jésus : « Les chefs des nations dominent sur elles en maîtres et les grands leur font sentir leur pouvoir. Il n'en doit pas être ainsi parmi vous : au contraire, celui qui voudra devenir grand parmi vous sera votre serviteur, et celui qui voudra être le premier d'entre vous sera votre esclave[8]. » Mais cette consigne ne doit pas faire oublier que du pouvoir se glisse dans tout service. Raison de plus pour rester vigilant et ne pas travestir son désir de pouvoir en volonté de servir, comme le font d'ailleurs souvent politiques et chefs d'entreprise. Il est probable que plus la crispation pour exercer un pouvoir est forte, plus le travestissement en service sera fréquent. Je ne crois pas, en fait, à l'absence de désir de pouvoir chez celui ou celle qui brigue une responsabilité. Mais mon grief actuel est ailleurs. Il est que l'institution ne s'en est pas tenue là. Elle a réussi le tour de force de séparer – encore ! – hommes et femmes. Ses prélats décrètent – sans que leur nez bouge – que les responsabilités exercées par des hommes sont des services, mais que celles demandées par des femmes relèvent d'une soif de pouvoir.

Je me souviens très bien du moment où j'ai compris, il y a douze ans déjà, ce mécanisme d'intimidation psychologique et où j'ai été alors capable de le subvertir. Lors d'un débat avec un évêque, celui-ci m'objectait que le pouvoir n'existait pas, mais seul le service. Après avoir un peu bafouillé, je lui ai fait remarquer combien il était étrange que le pouvoir soit bon quand des hommes l'exerçaient – sans le reconnaître – et nocif quand des femmes le demandaient – en l'avouant. Confortée par cette expérience, je défends donc la capacité des femmes à servir, car elle enrichirait toute l'Église. Je soutiens leur légitimité à la gouvernance, donc au pouvoir. Je demande d'avoir part aux décisions, en particulier à celles qui me concernent. C'est une requête d'une banalité totale, en ces temps dits modernes, où l'on ne refuse à personne le droit de décider de son sort. Est-ce une faute que de le vouloir ? Qui a dit que les femmes devaient être exclues des décisions ? Il serait facile de trouver dans la Tradition des dizaines de textes qui disent le contraire. Oui, je demande le pouvoir. Et alors ? Telle est la réponse la plus appropriée que je puisse faire, car elle oblige à ouvrir les yeux sur l'incongruité de la situation actuelle.

Un art consommé de l'esquive

N'en déduisons cependant pas que ma candidature cautionne le fonctionnement hiérarchique de l'Église. Je m'interroge même sur la capacité d'une structure monarchique à honorer la parole de Jésus sur le service. Comment y prétendre quand on est un monarque absolu ? Quand, à une demande d'écoute et de dialogue, on vous répond en vous envoyant une image du pape ? Certes, les théologiens ont élaboré une magnifique théorie autour du « sens de la foi » qu'expriment les fidèles et que Rome écouterait scrupuleusement[9]. Mais quand celui-ci est-il évoqué, ou honoré ? Jamais. Dans ses questionnaires préalables au synode sur la famille, le pape François s'y est essayé. Mais la mauvaise volonté des épiscopats à mettre les questionnaires en ligne en a été un triste démenti. Au point que les catholiques français ont dû aller chercher les documents sur le site du diocèse de Cayenne !

Pour revenir à ma candidature, ouvertement associée à une fonction de pouvoir dans l'Église, j'en défends la méthode. Comme l'a montré le premier féminisme, il n'y a pas d'autre moyen pour accéder à la reconnaissance que d'entrer d'abord dans le système existant. Les premières femmes à demander à devenir avocates ou médecins n'ont pas, par leur candidature, cautionné le système en place, mais elles ont ouvert la porte à un débat ultérieur sur les modalités d'exercice d'une profession. En ce qui concerne l'Église, sa structure actuelle est à bout de souffle. Elle appelle un profond remaniement dont la question des femmes est à la fois le symptôme et la maladie. C'est pourquoi cette dernière est si importante.

Enfin, la dernière objection est presque comique. Elle consiste à dire, dans un premier temps, que l'on partage entièrement le constat sur le manque de femmes en responsabilités, pour laisser, au final, tomber lentement et d'une voix théâtrale cette extraordinaire chute : « Mais cela prendra beaucoup de temps. » Beaucoup ? Mais encore ? « Oh, je pense que nous ne le verrons pas de notre vivant. » Eh bien, pour ma part, je dis que c'est maintenant qu'il faut obtenir gain de cause. Car j'entends déjà l'institution soupirer de soulagement à la perspective de ces providentielles calendes grecques qui lui permettront de dormir longtemps sur ses deux oreilles.

Enfin, dans ce tour des objections, il faut compter l'art de l'esquive des discours épiscopaux. Il serait édifiant de travailler crayon en main sur l'un d'entre eux. Voici quelques brèves observations tirées de la lettre diocésaine de Mgr Philippe Christory, évêque de

Chartres[10], où il réagissait à la fois à ma candidature et à celles des sept femmes du 22 juillet[11]. Cette lettre est guidée par plusieurs principes directeurs. Premier principe : ne pas citer les demandeurs, mais simplement « l'écho » donné par la presse. Deuxième principe : modifier la question posée. Ne pas répondre à la vraie, mais en poser une autre, à laquelle il sera facile de répondre. On croirait entendre Georges Marchais disant aux journalistes : « Vous venez avec vos questions, moi je viens avec mes réponses. » Troisième principe : détourner l'attention vers un autre sujet plus valorisant pour l'Église. Quatrième principe : réaffirmer la centralité et la sacralité de la fonction du prêtre, exclusivement de sexe masculin. Et ainsi, verrouiller tout accès à la gouvernance. Pour les femmes, rien ne change.

Un passage de cette lettre révèle un dernier principe, bien plus pervers : « Voici quelques jours, je rencontrais au bord d'un canal à Tourcoing une quinzaine d'adolescents [...]. J'ai pu dire à deux jeunes filles du groupe combien elles étaient précieuses et aux garçons combien ils pouvaient être pour elles des chevaliers respectueux. Ce langage était sûrement inhabituel pour eux, mais il me semble qu'ils étaient à l'écoute. Oui, la femme est précieuse et mérite notre respect. Est-elle accueillie pleinement dans l'Église ? Nombre d'entre elles me disent leur bonheur d'y être bien à leur place. »

Il s'agit là de séduction. Mais celle-ci contient un étrange aveu. L'évêque révèle l'image passive qu'il se fait des femmes. Elles sont « précieuses »... comme des bijoux enfermés au coffre, alors que les jeunes gens, les « chevaliers », ont un rôle actif. Enfin, en disant « notre respect », Mgr Christory avoue qu'il ne parle qu'à des hommes. Les femmes, « accueillies », ne sont que des invitées dans l'Église. Comment, après un tel propos, soutenir que les femmes y ont toute leur place ?

6

« Un catholique doit obéir au pape »

Une dame, choquée par ma candidature, m'écrit : « Le pape, chef de l'Église catholique, reste ferme. Il ne peut vous comprendre. Un catholique doit obéir au pape. » Voilà bien l'objection la plus centrale à cette candidature. Pour la conscience commune catholique, l'obéissance est sans pourquoi : elle est parce qu'elle est. Cependant, vue sous des lumières différentes, son évidence s'impose moins. La réponse la plus nette à ce devoir d'obéissance est celle que fournit le droit canon, par la plume d'un canoniste allemand, le professeur Werner Böckenförde : « Ce que l'on exige des fidèles dans la réalité ecclésiale, c'est de comprendre et d'accepter le "pouvoir sacré" comme la véritable forme de cette liberté ; il ne peut y avoir légitimement [...] de liberté opposée à la hiérarchie, opposée au magistère. "La conscience, répète l'encyclique *Veritatis Splendor*[1], n'est donc pas une source autonome et exclusive pour décider ce qui est bon et mauvais ; au contraire, en elle est profondément inscrit un principe d'obéissance à l'égard de la norme objective qui fonde et conditionne la conformité de ses décisions aux commandements et aux interdits qui sont à la base du comportement humain" (n° 60) [...]. La formule se résume donc ainsi : La liberté chrétienne se réalise dans l'obéissance[2]. »

L'arme dissuasive de l'infaillibilité

Le constat de ce juriste date de 1998, la vingtième année du pontificat de Jean-Paul II, marquée par un durcissement de la discipline de l'Église. Les succès de la première décennie ont fait place à des contestations diverses qui irritent le pontife[3]. Celui-ci cherche à renforcer son autorité, face aux femmes, aux laïcs, aux prêtres jugés trop libéraux, et même aux évêques. Partout où il le peut, il durcit le Code de droit canon et tente d'élargir le domaine où sa compétence est indiscutable, celui de la foi pure, à des matières souvent considérées comme disciplinaires, c'est-à-dire de circonstance, qui justifieraient qu'on en débatte.

Rappelons donc quelle puissance les textes, entre autres ceux de Vatican II, donnent au pape. La structure de l'Église est résolument hiérarchique. Oubliés, les développements conciliaires sur « l'Église, peuple de Dieu ». À sa tête, le pape, seul législateur de l'Église, dont les recueils juridiques édictés sont de droit divin et ne supportent aucun recours, même venant d'évêques. Il dispose d'une prérogative particulière, le dogme de l'infaillibilité, adopté au concile de Vatican I, en 1870. En voici l'énoncé : « Le pontife romain, lorsqu'il parle *ex cathedra*, c'est-à-dire lorsque, remplissant sa charge de pasteur et de docteur de tous les chrétiens, il définit [...] qu'une doctrine, en matière de foi ou de morale, doit être admise par toute l'Église, jouit [...] de l'infaillibilité. Par conséquent, ces définitions du pontife romain sont irréformables de par elles-mêmes et non en vertu du consentement de l'Église. Si quelqu'un, ce qu'à Dieu ne plaise, avait la présomption de contredire notre définition, qu'il soit anathème. »

Depuis son adoption, l'infaillibilité pontificale n'a été utilisée qu'une seule fois, par Pie XII, en 1950, pour définir le dogme de l'Assomption de Marie, sa « montée au ciel ». La papauté n'en a donc pas abusé. Mais sa capacité est, comme celle de l'arme nucléaire, dissuasive. Elle confère à son détenteur une autorité que personne au monde ne possède, et doit, ainsi, prévenir toute opposition. Un petit pas de plus et l'on pourrait inventer le dicton : ce que pape veut, Dieu le veut.

Le Collège des évêques jouit aussi de l'infaillibilité, soit lorsqu'ils sont réunis en concile, soit « s'ils s'accordent sur un point de doctrine à tenir de façon définitive[4] ». Mais il n'est pas, comme on le dit parfois, le contre-pouvoir du pape. Il ne joue pas à armes égales avec lui, car il n'est détenteur du pouvoir suprême que lorsqu'il est en union avec le pape et jamais sans lui. De plus, pour être certain de l'obéissance des évêques diocésains, le pape, depuis le 1er juillet 1987[5], exige d'eux, au moment de leur prise de fonction, un serment de fidélité dont voici la teneur :

« Moi, XX qui ai été nommé au siège épiscopal de NN, je resterai toujours fidèle à l'Église catholique et à

l'évêque de Rome, son pasteur suprême, représentant du Christ et successeur de l'apôtre Pierre dans la primauté, et chef du collège des évêques.
« Je me conformerai au libre exercice du pouvoir suprême du pape dans toute l'Église, je m'efforcerai de promouvoir et de défendre ses droits et son autorité. Je reconnaîtrai et respecterai les prérogatives et les pouvoirs exercés par les délégués du pape qui interviendront pour le représenter.
« J'exercerai avec le plus grand soin les pouvoirs apostoliques conférés aux évêques pour enseigner, sanctifier et diriger le peuple de Dieu, dans la communion hiérarchique avec le collège des évêques, sa tête et ses membres.
« Je soutiendrai l'unité de toute l'Église [...][6] »

Mais pour Jean-Paul II, ces dispositions ne suffisent pas à répondre au contexte du moment. En effet, l'autorité de Rome est mal reçue. Un abîme se creuse entre ce qui est exigé par Rome et ce qui se passe concrètement dans la vie de l'Église. Abîme entre prêtres et laïcs, mais aussi entre l'évêque diocésain et ses prêtres, en partie également entre le pape et les évêques. En clair, le peuple de Dieu rechigne : il se plaint que le Vatican vit dans un autre monde et qu'il ne sait rien de la vie concrète des gens.

Toujours plus de pouvoir

Pour combler cet abîme, Jean-Paul II entend multiplier les mesures qui renforcent son autorité. Son but est d'obtenir que les rouages intermédiaires ne puissent discuter les consignes romaines. Aussi, il allonge le contenu de la « profession de foi » (du Credo) déjà demandé à ceux qui avaient une certaine responsabilité, par exemple les vicaires généraux, les candidats au sacerdoce, les enseignants et enseignantes en théologie. Et là, il s'éloigne considérablement du Credo initial. En effet, il exige, dans un même bloc, outre l'obéissance inconditionnelle au Code de droit canon, que soient fermement acceptés et préservés (c'est-à-dire par une adhésion irrévocable) d'autres articles de foi et de morale définitifs autres que ceux que contient la révélation (c'est-à-dire déduits des Écritures). En outre, cette profession de foi étendue est complétée par un nouveau serment de fidélité. Et gare à ceux qui pensent s'en tirer avec un faux serment prémédité. C'est un délit commis contre la religion et contre l'unité de l'Église[7].

Enfin, alourdissant encore ce processus déjà contraignant, le pape interdit le débat sur les sujets qu'il choisit à toute personne relevant du droit de l'Église. D'un *motu proprio* de 1998[8] il s'ensuit que « quiconque plaide en faveur de l'ordination sacerdotale des femmes peut donc [...] être exhorté à se rétracter, éventuellement sanctionné mais être également appelé directement par Rome à rendre des comptes[9] ». Que dire devant un pareil autoritarisme ? Le pape s'autorise à priver du droit à la parole. C'est une démarche totalisante, voire totalitaire, digne de régimes à pensée unique. Aucun ressortissant des États occidentaux ne supporterait un tel traitement. Nous avons parfois tendance à minimiser la nature de cette monarchie absolue. En voilà l'une des conséquences concrètes.

Sur le sujet de l'ordination des femmes, la ruse a été particulièrement élaborée. La lettre apostolique de 1994[10], disant que le refus d'ordonner des femmes devait être tenu pour définitif, n'était pas le type de document qui permet d'engager l'infaillibilité : elle était destinée aux évêques et non *ex cathedra*, c'est-à-dire à tous les fidèles. Jean-Paul II a cherché à en faire une décision qui relève du magistère extraordinaire des évêques, et donc devienne infaillible. En effet, suivant le bon vieux proverbe « Qui ne dit mot consent », le pape, en 1998, a observé que les évêques, n'ayant pas réagi à la lettre de 1994, étaient donc consentants. Et le tour était joué... Les dispositions de cette lettre devenaient infaillibles. Pourtant, après ma candidature, d'éminents théologiens comme le dominicain Hervé Legrand ont estimé que ce dossier pourrait être rouvert[11]. Mais devant l'indiscutable construction du Code de droit canonique, il n'y a plus qu'à se soumettre ou à se démettre. Oui, j'ai formellement désobéi au pape, puisque j'ai contrevenu au canon 375 qui veut que les évêques soient prêtres. Vouloir être un évêque laïc est quelque chose qui aujourd'hui n'existe pas.

Si l'on cherche maintenant à entrer dans les arguments avancés par le pape et rappelés par Werner Böckenförde, peut-on comprendre qu'obéir rend libre ? Même si cela contredit notre vision moderne et commune de la liberté, plusieurs arguments plaident en ce sens. La vie de Jésus semble le démontrer. Jésus obéit à la volonté de son Père tout en affirmant : « Ma vie, nul ne me la prend, mais c'est moi qui la donne[12]. » Il est libre, et il choisit d'obéir. Mais qu'entend-on par « volonté du Père » ? Dans le système patriarcal des siècles passés, qui voulait trouver sa légitimation dans les Évangiles, il fallait affirmer que cette volonté était absolue, indiscutable. Le Père décide, Jésus obéit.

Exiger l'obéissance peut conduire au schisme

Aujourd'hui, on s'aventure davantage à interroger cette fameuse « volonté ». D'où Jésus la connaît-il ? D'une communication intime entre le Père et le Fils dans la prière, sans doute. Mais cette communication ne peut avoir lieu hors de l'esprit de Jésus, homme doté d'une conscience comme la nôtre, d'un esprit qui observe, réfléchit, raisonne et décide. La volonté du Père n'est pas un élément extérieur qui vous tombe dessus comme un verdict, elle consiste à acquiescer à sa propre histoire, celle qu'on a commencé à définir au seuil de sa vie et qui s'épanouit, pour s'accomplir chaque jour davantage. Dans ces conditions, la volonté du Père n'est rien d'autre que trouver le sens de sa vie. Obéir, c'est décider d'aller au-devant de soi et de Dieu. La vie que Jésus a menée, une vie donnée aux autres, lui a permis de comprendre pour quoi il est venu : pour donner. Donner son temps, sa patience, son enseignement, sa vie… Et c'est ainsi qu'il obéit à la volonté de son Père. Celui qui accepte de donner son temps, sa patience, son enseignement, sa vie, obéit lui aussi à la volonté du Père. Il n'y a pas de vie sociale possible si l'on n'accepte pas de donner. C'est le refus du don qui pousse à la guerre. Faute de don, un impitoyable chaos s'emparerait du monde.

L'obéissance au pape, et à travers lui, à toute l'Église, est-elle de cette nature ? Obéir à sa vocation profonde d'être humain et obéir au pape – donc à l'Église – ne se confondent pas. Certes, l'amour envers l'Église est un amour fort. Il procure de grandes joies. Joie d'appartenir à une famille, espoir d'y rencontrer le Christ. Il a pourtant ses dérives. La plus importante est d'en faire une fin en soi, ce qui éloigne de l'objectif central du christianisme, qui est d'annoncer un salut gracieusement offert à tout être humain de bonne volonté. L'Église n'est que l'émissaire de la Bonne Nouvelle. Elle est une réalité provisoire. Ses formes, son périmètre, son mode de gouvernement ont vocation à continuellement s'adapter à la manière la plus appropriée d'annoncer l'Évangile.

La meilleure définition que je connaisse du pape est qu'il est le garant de « la communion qui doit exister entre tous les évêques, dont lui, qui est aussi évêque. Si tous les évêques doivent rester en communion avec le pape, celui-ci, même s'il dispose d'un pouvoir incontesté, doit aussi rester en communion avec eux[13] ». Jean-Paul II et Benoît XVI ont-ils choisi la façon la plus satisfaisante de construire la communion ? La brève histoire qui suit leurs pontificats jusqu'à aujourd'hui montre le profond délitement de l'institution et surtout la perte de confiance de l'opinion. La papauté est restée sourde aux appels venus du terrain catholique, appels à remodeler le ministère du prêtre, à mieux écouter et responsabiliser les laïcs et les femmes, à reconsidérer la position de l'Église en matière de sexualité, à soutenir les peuples opprimés, les pauvres, pourtant objet prioritaire de l'attention de Jésus. Ces différents appels ne sont pas des modes, des décalques du monde plaqués sur une Église qui aurait d'autres façons d'être. Ils sont des signes des temps, exposés à l'écoute et au discernement. Les sous-estimer, ou, pire, les ignorer, revient à vouloir construire une Église hors sol et sans fidèles, c'est-à-dire à la priver de ce sang neuf qui continuellement doit l'irriguer. Sans apports extérieurs, l'Église s'asphyxie. À vouloir l'ignorer, on fabrique inévitablement un schisme.

La responsabilité de « communion » du pape est, en écoutant ce que les fidèles lui font remonter, de combler sans cesse ce fossé pour qu'il ne devienne pas un abîme infranchissable. Or Jean-Paul II a choisi l'autorité, à la seule fin d'obtenir que ceux qui étaient de l'autre côté du fossé le retraversent pour rejoindre la position du pape, tandis que Benoît XVI, déjà placé devant un fossé trop profond, a opté pour le repli en exaltant une contre-culture. Aucun des deux n'a réussi à marcher avec son temps afin que, simplement, l'Église puisse vivre. En conséquence, l'abîme de plus en plus profond qui s'est creusé entre le pape et les fidèles a entraîné une grave division du corps ecclésial. Qui, aujourd'hui, ne parle avec inquiétude d'un risque de schisme ? Mais par un effet de leurre, on ne voit pas que le schisme, ce ne sont ni les fidèles ni le pape actuel qui le génèrent. Il est la conséquence d'un processus déjà enclenché par l'absence d'écoute des papes précédents. Ainsi, exiger l'obéissance peut conduire au schisme. Et aujourd'hui, une petite chiquenaude suffirait pour donner à cette menace de schisme son acte terminal.

Avant de promulguer *Humanae Vitae*, Paul VI n'a pas écouté les membres de la commission d'études chargés d'enquêter et de lui rapporter la position des couples catholiques. La suite de l'histoire a montré qu'une écrasante majorité des couples catholiques lui ont désobéi. Mais j'ose demander : Paul VI n'a-t-il pas davantage désobéi ? Devant des questions aussi vertigineuses, est-il bien sage d'adopter des positions canoniques aussi rigides que celles-ci ? Et que voudrait dire, aujourd'hui, désobéir au pape, devant la multiplication des signes d'alerte ? Quand, avec la crise des abus, les contre-performances ecclésiales se multiplient. Quand les églises se vident. Quand la désobéissance aux consignes romaines est partout.

Si je demande que les femmes soient reconnues dans leur Église, comme Jésus nous l'avait montré par son exemple, ai-je désobéi à l'Évangile ? Et si demain ma conscience me reprochait ma désobéissance, je me souviendrais que Jésus lui-même a guéri quelqu'un le jour du sabbat alors que cela n'était pas permis par la Loi juive[14]. L'exemple qu'il prend pour se justifier est éclairant : « Quel sera d'entre vous l'homme qui aura une seule brebis, et si elle tombe dans un trou, le jour du sabbat, n'ira la prendre et la relever ? » Il y a en chaque être humain un pouvoir interprétatif à sauvegarder, sinon l'Église n'est plus qu'un troupeau d'esclaves. Pour ce berger, protéger la vie de sa brebis est une loi absolue. En ces années si tragiques, certains ne désobéissent-ils pas pour que l'Église vive ? Leur simple existence n'est-elle pas une chance ?

Ma désobéissance a bientôt été suivie par celle de sept femmes qui, dans le cadre du collectif « Toutes

Apôtres[15] ! », ont, le 22 juillet 2020, candidaté à des fonctions interdites.

Avec cet engagement en forme d'avenir s'achève la narration de ma candidature. Les pages qui suivent tenteront de dessiner la silhouette d'un évêque laïc, tel que je pourrais l'être ou que d'autres le seront un jour.

PARTIE II

1

Pour l'amour de Dieu

De la genèse de cette candidature, l'essentiel reste à dire. Tout le monde n'a pas envie de devenir archevêque. Pourquoi cette surprenante initiative, pourquoi cette sortie de soi qui manque encore de s'être expliquée sur ses mobiles profonds ? Si le nonce me disait : « Chiche ! », irais-je vers une telle charge ? J'irai parce que la tâche première d'un évêque n'est pas le « pouvoir », même dans son sens le plus dynamique de responsabilité envers le cours des choses, mais il est d'annoncer l'Évangile, cette Bonne Nouvelle. Et que, pour annoncer l'Évangile, je ne suis pas en peine de désir. Je suis même comme une enfant qui non seulement lève le doigt mais qui décolle tout son corps de son banc et dit : « Maîtresse, maîtresse, moi je sais ! » La parole monte en moi, et je n'ai ni raison ni envie de la retenir. Rattrapée par mon côté petite fille sage et oubliant ma présomption – on croit savoir, mais on est toujours désemparé devant l'annonce, d'autant plus qu'elle ne siège ni dans l'émetteur ni dans le récepteur, mais qu'elle naît de leur relation –, je dois donc maintenant avouer en quel lieu, en quelles circonstances j'ai fait les premiers pas de ce long parcours dont l'étape la plus récente est ma candidature.

Comme des millions de chrétiens, je sais que j'ai rencontré le Christ. Cette rencontre est une belle histoire ; je dois l'évoquer ici, sinon, ma parole n'a pas de racines. Vers la trentaine me vint un sentiment aigu de la vanité de certaines de mes attirances. Je pris mes distances avec les sorties en ville, les vêtements à la mode, les régimes minceur, les vacances, les petits succès d'estime, un zeste d'ambition professionnelle. Je me regardais à la fois de loin, presque comme un objet d'étude, et dans cette conviction déroutante d'être devenue capable de me poser, peut-être pour la première fois, dans le lieu le plus vrai de moi-même. En somme, une hiérarchie se faisait jour au milieu d'une vie qui venait à moi sans que je l'aie vraiment choisie. Un mot commençait à devenir important : « l'essentiel ». Quel est-il, où est-il et comment en vivre ? En même temps, notre fils aîné allait entrer au cours préparatoire. J'étais heureuse de le voir s'ouvrir au monde de la lecture qui me procurait tant de joies. Parmi les grands apprentissages de l'année à venir, je me demandais s'il y aurait une place pour le catéchisme. Tout naturellement, je transférais sur lui la question qui me taraudait : quel serait l'essentiel que je lui proposerais ? Je me rendis vite compte que cet essentiel était la foi. Quelle foi ? La mienne n'existait pas.

Aimer et être aimé

Mais une foi familiale était là, illustrée par une longue histoire dont les derniers chapitres venaient de s'écrire : une tante avait été dominicaine des campagnes et elle était morte en Guyane à vingt-cinq ans, un oncle capucin avait choisi d'être prêtre-ouvrier, jusqu'à devenir ensuite le curé des îles Kerguelen, en partie pour se consoler des sanctions portées par Pie XII contre les prêtres-ouvriers. Cette foi des autres, respectable mais dépourvue de sens à mes yeux, était résumée dans une dédicace écrite par mon père en première page d'un livre de première communion. Toujours, j'ai porté cette phrase en moi, un peu comme les fils de Jacob emmenèrent les ossements de leur père dans leur exode à travers le désert[1] :

> « Anne chérie
> « Que la vie, les souffrances et le don suprême du Christ fortifient en toi cette foi qui est, plus que jamais, la nôtre. Par les temps qui courent, c'est le seul moyen de savoir où l'on va, et quel est le sens de la vie. »

Dieu sait qu'il m'avait souvent agacée, ce recours à un catholicisme dont je ne voyais pas bien ce que j'avais à faire avec lui ! Plus tard, je reprocherais à mon père, tendrement, bien sûr, d'avoir préféré la mention des souffrances à celle des joies, et d'avoir finalement une vision assez utilitariste de la foi. Mais soixante ans après, j'ai la satisfaction de me dire, comme il a été dit par Dieu quand il se révélait à Moïse, que mon Dieu était bien celui de mes pères, même s'ils ne s'appelaient pas Abraham, Isaac et Jacob… Et que c'était un Dieu qui se faisait connaître dans le concret de la vie et non dans les articles du catéchisme.

Sur le chemin où j'ai été conduite pendant les mois suivants, sur l'éblouissement, sur la douceur et sur le souffle qui m'envahirent, je ne dirai pas tout car il n'y a à cela aucune nécessité. Une découverte vitale a scellé cette rencontre : j'étais aimée, envers et contre tout, au-delà des carences de ma vie, des obstacles et des doutes. Et si j'étais aimée, tous les autres l'étaient aussi. Révélation jumelle, libérante et vaste, plus extraordinaire encore que la précédente. Comme dans ces antiques visions, elle me permit tout à coup de voir le monde entier sous le prisme d'une bienveillance fondamentale, irrésistible et féconde, que je ne perdrai plus jamais. Les malheurs, les injustices à réduire, oui, ils étaient nombreux, mais ils étaient le chantier permanent de l'activité humaine. Jamais ne me vint l'idée d'en faire reproche à Dieu. Jamais non plus la tentation d'un angélisme qui masquerait les défauts des êtres. Simplement, autrui était passé sous une lumière nouvelle que n'obscurcissaient plus mes craintes, mes conflits, mes appétits personnels.

Pour rendre compte de ces retournements fondateurs, un autre me prête aujourd'hui ses mots de poète. En chacun d'eux, ou presque, je reconnais un caillou sur lequel j'ai posé le pied. Il s'agit de Louis Massignon, un autre aîné dans la foi dont j'ai toujours près du cœur le récit de sa conversion, en mai 1908, alors qu'il était plus ou moins espion en Irak, démasqué, prisonnier, menacé de mort.

> « L'Étranger qui m'a visité, un soir de mai, devant le Tâq, dans la cabine de ma prison [...], est entré, toutes portes closes. Il a pris feu dans mon cœur [...],

cautérisant mon désespoir qu'Il fendait, comme la phosphorescence d'un poisson montant du fond des eaux abyssales. Mon miroir intérieur me l'avait décelé, masqué sous mes propres traits [...] avant que mon miroir s'obscurcisse devant Son incendie. Aucun Nom alors ne subsista dans ma mémoire (pas même le mien) qui pût Lui être crié, pour me délivrer de Son stratagème, et m'évader de Son piège. Plus rien ; sauf l'aveu de Son esseulement sacré : reconnaissance de mon indignité originelle, linceul diaphane de l'entre-nous deux, voile impalpablement féminin du silence ; qui le désarme ; et qui s'irise de Sa venue : sous Sa parole créatrice.

« L'Étranger qui m'a pris tel quel, au jour de Sa colère, inerte dans Sa main comme le gecko des sables, a bouleversé, petit à petit, tous mes réflexes acquis, toutes mes précautions, et mon respect humain. Par un renversement des valeurs, Il a transmué ma tranquillité relative de possédant en misère de pauvresse. Par un retournement "finaliste" des effets vers les causes, des intersignes vers les archétypes, tel que la plupart des hommes ne le réalisent qu'en mourant. Et cela m'est une excuse si je ne propose plus, ici, de chercher dans les biographies des mystiques un vocabulaire technique d'ersatz pour "entrer en présence" de Celui qu'aucun Nom a priori n'ose évoquer, ni "Toi", ni "Moi", ni "Lui", ni "Nous", et si je transcris simplement un cri, imparfait, certes, mais poignant, de Rûmî (quatrain n° 143), où le Désir divin, essentiel, insatiable et transfigurant, jaillit du tréfonds de notre adoration silencieuse et nue : la nuit.

« "Ce Quelqu'un, dont la beauté rend jaloux les Anges, est venu au petit jour, et Il a regardé dans mon cœur ; Il pleurait, et je pleurai jusqu'à la venue de l'aube, Puis Il m'a demandé : de nous deux, dis, qui est l'amant[2] ?" »

Trouver les mots, croiser le visage

En citant Rûmî (1207-1273), grand poète mystique persan qui fonda la confrérie soufie des derviches tourneurs de Konya, Massignon avoue, à la dernière ligne de sa confession, la formule de cet alliage qui lui offrit cette *Visitation de l'Étranger* : le regard, les larmes et l'amour. Dit plus prosaïquement, elle consiste en une rencontre interpersonnelle, la mobilisation des affects, et le don de l'amour : il m'aime et j'aime. Si je suis aimée, aucun autre viatique n'est utile dans une vie. Tout est dit. Alors, quelle différence entre la question : « De nous deux, dis, qui est l'amant ? » et le titre que j'ai choisi pour cette restitution : « Pour l'amour de Dieu » ? Aucune. Dans cette dernière formule, la réciprocité est même plus parfaite que dans la première, à cause de – ou grâce à – l'ambiguïté de ce « de » français, qui n'existe pas dans toutes les langues : l'amour de Dieu est à la fois l'amour que Dieu me porte et celui que je lui porte. Et même, la question de Rûmî est devenue une réponse. L'amour est sûr. La Bible se situe sur le même registre avec le prophète Isaïe qui, en affirmant l'initiative divine, confirme le propos : « Car tu comptes beaucoup à mes yeux, tu as du prix et je t'aime[3]. » Oui, le croyant vit ainsi : de la simple découverte qu'un être – peut-être vaut-il mieux dire « le Nom » ? –, tenu pour lointain, abstrait, inconnu, impalpable, l'aime. Au point que sa définition même est d'être celui qui vit de cette histoire d'amour. Et cet amour n'est pas une construction intellectuelle, il traverse le corps et sa trace peut s'y lire. Certains l'appellent Dieu, ou Adonaï, ou le Christ, d'autres Allah… Peu importe, puisque la vie gagne. Ce compagnonnage indéfectible, c'est de lui que l'évêque doit être le témoin dans son diocèse. Amour découvert, partagé, contemplé, puis réinvesti dans la transformation du malheur en joie de vivre. Tenter de faire du bien : la tâche humaine par excellence. L'évêque n'a rien d'autre à annoncer que cet échange d'amour avec Dieu dont les femmes et les hommes de son diocèse sont les protagonistes. À lui, ensuite, de faire en sorte que ces puissants murmures d'alcôve prennent chair dans les faits.

Encore faut-il, pour dire l'amour, trouver les mots justes. En ce qui me concerne, cet amour longtemps en est resté dépourvu. Ce Dieu visiteur ne se définissait que par le bien qu'il m'apportait, et par sa distance, qui m'apprenait le peu que j'étais devant sa radicale altérité. C'était pour moi le temps de la crainte de Dieu dont est rempli le livre de l'Exode, de la « difficile liberté » honorée par le philosophe Emmanuel Levinas, ou de la « fable mystique » du jésuite Michel de Certeau, qui démonte les mécanismes de la mystique du XVIIe siècle. Mais je n'en avais pas fini de mes découvertes. Je n'avais pas encore compris que le Christ était le visage de ce Dieu si prévenant. Ce fut une seconde visitation qui, en me ramenant sur la scène de l'histoire humaine, m'offrit la puissance de la Croix. C'est là, bien au-delà de l'exaltation de la souffrance et de la douleur, qu'était à nu ce que je tiens depuis pour le chiffre du monde, la capacité de donner. Certes le don, le plus souvent, coûte, et pour l'attester, c'est la vie même qu'il s'agit d'offrir. Mais je me suis souvent demandé pourquoi, au cours de l'histoire, tant de prêches se sont attardés sur la souffrance, au risque de sombrer dans le sadisme ou au moins dans le masochisme, au lieu de braquer d'énormes projecteurs de lumière sur le don, trésor enfoui, merveille dont le Christ a été capable afin de nous l'enseigner. Ce fut seulement lorsque la Croix s'imposa à moi que je pus me reconnaître comme chrétienne et en assumer publiquement l'identité. Avec quelle justesse je me suis alors sentie accordée avec ce que l'Église a constamment appelé, sans jamais faiblir, le centre de son message ! De ce moment, en fille prodigue, j'héritai de tout. Je revêtis les Écritures, l'histoire, les frères, les sœurs, les prières, les concepts, la spiritualité, l'art de vivre que l'Église m'offrait, et elle devint mienne. Car c'est en elle que le Christ m'a atteinte et en elle que je dois en témoigner. Ce que j'ai reçu d'elle est devenu mon bagage pour la vie. Elle m'a accueillie, écoutée, ouvert les trésors de son patrimoine spirituel, initiée au respect de l'autre, donné un lieu d'échanges avec des personnes que je n'aurais jamais rencontrées dans mon milieu d'origine, offert ses sacrements, en particulier l'eucharistie et la réconciliation. À force de côtoyer, dans des communautés jésuites et dominicaines, des frères et des sœurs, j'ai appris à allonger mon regard au-delà de l'immédiat et du visible. À mettre Dieu au milieu du salon, sans mièvrerie ni piété sucrée, sans fétichisme ni instrumentalisation. J'ai admiré la distance critique que ces hommes et ces femmes tenaient envers autrui et leur soutien inconditionnel à ceux qui souffraient. J'ai appris d'eux la discrétion de Dieu[4], la vertu humanisante de la fragilité, l'interrogation soutenue devant le mystère de Dieu. Je sais donc, par le cœur, par toute ma vie, que l'Église donne accès à la vie éternelle, même si elle n'est pas la seule à en détenir les clés. Souvent, j'ai confronté ma foi avec la bonté, l'altruisme de personnes que la question religieuse n'intéressait pas. J'acceptais sans inquiétude l'idée que mon expérience puisse être un trait de ma subjectivité. Dieu se sert de moi, disais-je. Mais je me demandais quelle était la couleur de cet humanisme au grand cœur qui mettait certains en mouvement sans qu'ils recourent à Dieu pour le vivre. Je ne peux répondre à leur place. Je sais seulement que je ne mets pas de hiérarchie entre les deux modes de vie, puisque la vie est gagnante. Cependant, je cherchais à savoir ce que cet amour de Dieu que je portais si haut m'apportait de différent. Peut-être est-ce la conviction que le Christ ressuscité est indéfectiblement présent à mes côtés. En somme, je dois croire à la Résurrection… Françoise Dolto en rappelle aussi l'un des bénéfices lorsqu'elle affirme que celui qui croit au Christ ressuscité n'est plus jamais seul.

Aussi, malheur à moi si je reniais tout ce que je devais à cette Église, la mienne, si je ne la voulais que « saine » et bien équipée pour annoncer la Parole. Son incapacité actuelle à traiter ses problèmes de structure n'est pas une raison suffisante pour que je la quitte. Au contraire ! J'ose soutenir qu'elle a besoin d'évêques comme moi, qui lui demandent de se désencombrer du mille-feuille dirigiste qu'elle a accumulé depuis des siècles, des œillères du droit canon, et des suspicions continuelles qu'elle oppose à tout ce qui bouge. Mais, si je la critique parfois sans la ménager, à moi de tenir bon dans le désir de la servir loyalement et de l'aider à rester fidèle à sa vocation profonde, qui est d'accueillir tout être humain, car il est fait à l'image de Dieu. Et d'attendre d'elle que cet accueil ne s'enlise pas dans des mots vides mais s'inscrive dans les faits.

2

L'évêque d'un diocèse hors les murs

Pour faire un évêque, il faut bien plus qu'être nommé par le pape, bien plus qu'une succession réputée sans faille depuis les premiers apôtres, bien plus qu'une foi à toute épreuve, il faut des catholiques. Ce seront eux qui feront l'évêque. Où sont-ils aujourd'hui ? Dans l'enquête Bayard/Ipsos de 2017, 53,8 % des Français se disent catholiques, et 1,8 % ont une pratique hebdomadaire. L'enquête fait aussi ressortir que 23,5 % des Français vivent leur catholicisme autrement : « par des dons, des engagements ou une vie familiale qui s'en inspireraient[1]. »

Dedans ou dehors ?

Qui recueillera le titre de « catholique » ? Le 1,8 % de la population qui pratique, soit environ 1,2 million de personnes ? Les 23,5 % d'« engagés » mais non pratiquants, soit environ 15 millions ? Ou enfin les 53,8 % de ceux qui « se disent » catholiques, qui totalisent près de 36 millions ? L'institution semble ne s'adresser qu'aux 1,8 % environ de pratiquants. En son sein, des tacticiens audacieux et écoutés soutiennent même qu'il faut se réjouir de voir partir les insatisfaits, qui ne sont que des nids à problèmes, afin de s'appuyer sur le « petit reste » valeureux, endurci par les épreuves, qui est déterminé à vivre en résistance dans un monde sécularisé. En somme, Massada et l'Église catholique, même combat. Mais à entreprendre une sélection élitiste et presque en guerre contre son temps, l'institution risque d'une part d'éclaircir davantage les rangs des catholiques, d'autre part d'être encore plus infidèle à l'enseignement de Jésus, qui rappelle que « ce ne sont pas les gens bien portants qui ont besoin du médecin, mais les malades. Allez donc apprendre ce que signifie : “C'est la miséricorde que je veux et non le sacrifice”. En effet, je ne suis pas venu appeler les justes, mais les pécheurs[2] ». Que ceux qui sont partis soient malades ou pécheurs serait à prouver, mais il est regrettable que ceux qui restent se croient bien portants. Cette attention appuyée au vaillant petit reste fait un peu vite oublier ceux qui sont partis. Qui s'en préoccupe ? Jésus au début de sa prédication n'a-t-il pas eu pitié des foules, « car ces gens étaient las et prostrés, comme des brebis qui n'ont pas de berger[3] » ? L'Église n'a-t-elle pas abandonné sa responsabilité ?

Ces écarts en nombre questionnent intensément. Ils devraient même devenir la seule obsession de l'institution. Si 36 millions de personnes revendiquent le titre de catholiques sans adhérer au message officiel de l'institution, où donc est l'Église catholique ? Que pèse le maigre 1,2 million qui fréquente les églises ? L'Église du Christ ne serait-elle pas davantage hors les murs que dans les murs ? Il me semble qu'il est légitime de parler désormais de « néo-catholiques », en nombre considérable, devant le 1,2 million de pratiquants qui sont déjà des « paléo-catholiques ».

Pour ma part, je ne me range ni dans la culture de l'élite, ni dans une contre-culture défensive envers la modernité. Mes regards vont ailleurs. Ils vont en direction des 53,8 % de néo-catholiques qui sont quasiment partis puisqu'ils n'entrent plus guère dans les églises. Quotidiennement, je vis avec eux et je réfléchis à ce qui les a fait fuir. Certains reculs sont de surface : l'Église offre un look vieillot, elle peine à s'adapter aux moyens modernes de communication, ses églises sont froides et peu fréquentées, sinon par des personnes âgées. S'il n'y avait que cela, on pourrait encore transformer le défaut en petit charme. Mais s'y ajoute l'usure d'un discours trop entendu, d'une parole rabâchée qui lasse, car elle n'a peut-être pas été accompagnée assez en avant dans la vie même de ces personnes. Vient ensuite, par ordre décroissant d'importance, me semble-t-il, tout un « paquet » théologique de plus en plus incompris – même s'il contient le cœur de la foi – qui finit par glisser sur l'existence comme l'eau sur les plumes du canard : la Résurrection, la divinité de Jésus, le Credo, fait de mots compliqués – dont on sait en outre que le sens a changé –, le récit mythologique des origines, avec la côte et le serpent… Des mots sans chair qui ne rejoignent plus grand monde. Assez récent et assez lié à ce qui précède, je vois poindre aussi aujourd'hui le reproche écologique envers un anthropocentrisme chrétien qui aurait négligé de protéger la planète, et la suspicion sourde que « toutes les religions sont violentes ».

Enfin, il y a les abus sexuels envers des enfants et des femmes, dont les effets ne se font pas encore sentir dans toute leur ampleur, mais dont il faut constamment avoir à l'esprit le pouvoir destructeur.

Mais ce qui me paraît être la première raison de la distance prise avec l'institution est la rigidité sur les questions de morale sexuelle et familiale. Tout est « non » ! Non au plaisir sexuel – du moins officiellement –, non à la contraception, non à l'avortement, non aux études de genre, non aux homosexuels, non aux femmes, non aux personnes transgenres, non à la PMA, non à tout. C'est « Madame Niet ». Une telle obstination rendrait fou le plus équilibré des catholiques. Une Église aussi obsessionnellement axée sur le refus – souvent au mépris de ses Écritures et de la parole miséricordieuse de son fondateur –, non seulement blesse en profondeur, mais donne à ceux qui souhaitent en être le sentiment de se cogner à un mur sans jamais être entendus. Comment s'étonner qu'ils n'aient trouvé pour rester en bonne santé que cette issue : partir ? Cette insistance sur le destin biologique de l'individu est d'autant plus étonnante qu'elle n'a pas toujours été celle de l'Église. Au contraire, même : au cours de son histoire, elle a bien plus insisté sur la qualité de la relation. Alors que la société ambiante attend des paroles sur le message central du christianisme, l'institution s'arc-boute sur des sujets qui ne lui sont que latéraux. Cette crispation ressemble à un suicide. L'Église n'a-t-elle rien d'essentiel à dire ?

En retour, je me suis souvent demandé ce que ces personnes distanciées de l'institution veulent conserver du catholicisme. Si elles disent parfois douter que

Dieu existe, elles restent attachées à la figure de Jésus et au bagage de valeurs que le christianisme véhicule, assez pour vouloir lui être fidèles, même de loin. Indirectement, elles demandent encore au catholicisme de donner à leur vie un sens qu'elles peinent à trouver en dehors, et elles envient presque ceux qui s'engagent radicalement « pour Dieu ». Enfin, je constate un réel respect et même une admiration envers l'Église « quand elle fait son travail » : quand elle prône une vision humanisante de la société, quand elle propose une liturgie empreinte de beauté qui fait monter toute une assemblée vers plus grand que soi et, surtout, quand elle se range aux côtés des plus pauvres, des malades, des opprimés et de tous les mal-aimés de la terre. Bien sûr, des conclusions plus fermes que les miennes ont déjà été menées. Mais l'évêque que je souhaite être devra écouter ceux qui se disent à la fois partis et catholiques, ceux que j'appelle les « néo-catholiques ». Une expérience a été menée, il y a quelques années, sous le nom de « Parvis des Gentils », à l'initiative du diocèse de Paris, sur une impulsion de Rome. Fiasco complet. Sans doute parce que les auteurs ne sont pas vraiment sortis de leur monde pour entrer dans celui de leurs « invités ». Écouter est une démarche onéreuse, elle suppose d'accepter honnêtement de se mettre « à côté de l'autre », pour accomplir ensemble un vrai bout de chemin. Pourtant, c'est aujourd'hui la tâche la plus urgente d'un évêque. Celui-ci – ou celle-ci – devra avoir un discours neuf sur la Résurrection, sur la divinité de Jésus, sur le Credo et d'une façon plus générale sur les grands mythes spéculatifs que se sont donnés les premiers chrétiens pour comprendre le monde. Ce n'est certes pas simple, mais c'est indispensable.

Pour écouter, l'évêque que je pourrais être aura besoin d'une bonne équipe, heureuse de se retrousser les manches pour annoncer la Parole sur les lieux mêmes de l'existence quotidienne des gens. Mais en amont de ce dispositif, si je m'en tiens à la mobilisation de ce qui est à ma portée, peu de choses suffisent. Une Bible et moi-même, et l'aide du Seigneur. Oui, la personne de l'évêque est essentielle. Les catholiques ont besoin de plus que des gestionnaires de la pénurie de prêtres et de moyens financiers. Qu'il soit intimement engagé est une priorité. Non pour s'exhiber, mais pour s'investir. N'en déplaise aux masochistes qui veulent se détruire, je conteste que l'effacement, le retrait soient une bonne manière de gouverner. On ne rencontre pas autrui en s'effaçant mais en étant vraiment soi-même. Plus l'évêque est lui-même, dans un vrai self, comme le disait le psychiatre Winnicott, plus il est en paix avec ses défauts, mieux la Parole fraiera son chemin. Il doit donc veiller à être, du mieux qu'il le peut, un esprit sain dans un corps sain. À reconnaître qu'autrui le façonne. À ne pas méconnaître le poids de la sexualité dans la construction de son identité. À accepter sereinement qu'il fait le bien et le mal sans, le plus souvent, pouvoir les démêler. Qu'il lui est interdit de juger car son jugement peut tuer. Il doit veiller à vivre, non seulement avec sa fragilité, mais à partir d'elle. À la tenir pour principe de vie. Et à ne jamais oublier qu'il traitera autrui à la mesure dont il se traite lui-même. Qu'il rencontrera autrui s'il s'appuie sur ses faiblesses autant que sur ses forces. Quant à la Bible, elle peut tout lui apprendre. À écouter Dieu dont la fidélité ne se dément jamais, à le prier, à le célébrer, à regarder frères et sœurs comme des égaux et à leur faire confiance. À ne jamais se satisfaire du malheur d'autrui.

Et les commandements de l'Église, dira-t-on ? Et l'obéissance au pape, et le serment ? Eh bien, oui… ou plutôt, non. Si je devenais évêque, en compassion avec tant d'évêques qui, la mort dans l'âme, ont dû signer un serment qui les reniait, je ne mentirais pas. Je prête ici le serment de ne jamais signer un tel serment, qui ne tire aucune justification de l'Évangile, mais de la seule volonté d'un pape d'être seul maître à bord. Cette obligation met à nu une réalité délicate à changer : ceux dont l'humanité a été cassée par la contrainte d'un serment subi sont parfois prisonniers d'un mécanisme de répétition qui les pousse à imposer leurs souffrances aux autres. Ainsi, des femmes exigent l'excision de leurs filles et petites-filles parce qu'elles l'ont endurée. Il est difficile de casser cette chaîne de servitudes. Pourtant, ce serait pour le bien de tous, et d'abord de l'évêque lui-même. Si un évêque actuel enfreignait son serment, sur les questions de morale sexuelle, de célibat de prêtres et sur les femmes, beaucoup applaudiraient à son geste, car ce serait pour la santé de toute l'Église. Ouvrons les yeux : le serment n'est qu'un abus de pouvoir de plus : il participe à la culture cléricale des abus ! Même les évêques sont victimes du cléricalisme. Pire : même le pape doit l'être, car la Curie est une machine aveugle qui tourne toute seule selon des lois que personne ne comprend plus. Raison d'Église ! Mais qui impose la raison d'Église ?

Ne faut-il pas un jour arrêter une machine folle qui broie l'humanité de ceux et celles qui la servent ?

Me voilà bien éloignée des critères romains de sélection de son personnel ! Même si je suis peut-être l'une des rares personnes publiques en France à combattre le cléricalisme à sa racine, donc à obéir à l'exhortation du pape François[4], j'ai bien conscience qu'il faudrait beaucoup de courage à un nonce pour m'inscrire dans une *terna*, et à un pape pour me nommer archevêque, de Lyon ou d'ailleurs. À chacun son courage. Le mien est de chercher la parole juste et de m'en tenir là. Ceci ne m'empêchera pas d'aller plus avant dans mon programme d'évêque laïc d'un diocèse hors les murs. Mais pour se rendre compte de l'incongruité d'une telle proposition, il faut commencer par reconnaître que l'Église catholique se définit à travers le prêtre. C'est pourquoi notre enquête doit maintenant se tourner vers cette figure dominante de l'institution.

3

Prêtre ou rien du tout

« Alors comme ça, madame, vous voulez être prêtre ? » Combien de fois la discussion avec des tiers a commencé ainsi ! Malheureusement, elle s'est parfois aussi terminée de la même manière, tant mes interlocuteurs tenaient au schéma qui sous-tendait leur question. Dans la mentalité commune, l'Église catholique, c'est le prêtre et rien d'autre. Tous les chemins ne mènent pas seulement à Rome, ils mènent au prêtre. Ce n'est, bien sûr, pas sans raisons. La figure du prêtre est profondément identifiée au catholicisme et à l'orthodoxie. Par son extraordinaire fécondité, l'invention du prêtre en aura même été la plus belle pièce.

D'étonnement en étonnement

Invention géniale pour la qualité du service rendu au fil des siècles, l'instauration de la prêtrise reste un sujet d'étonnements multiples. Le premier est que cette fonction n'a rien à voir avec ce que voulait Jésus. Dans les quatre Évangiles, le mot n'est même prononcé qu'une fois, pour désigner le Grand-Prêtre qui allait condamner Jésus. Celui-ci s'est non seulement heurté à la caste des prêtres du Temple, à Jérusalem, mais il en est mort. Les accusations qu'il avait portées contre eux étaient très lourdes : vous avez instrumentalisé Dieu, vous l'invoquez pour couvrir vos intérêts particuliers, vous l'adorez des lèvres, mais votre cœur est dur[1]... Il y a donc une contradiction assez profonde entre le message et la vie de Jésus et l'instauration d'un corps de prêtres.

Pour l'expliquer, il faut rappeler quelques jalons de cette histoire complexe. Dans le monde juif, les prêtres sont issus d'une tribu particulière, les lévites. Ils font cependant partie du peuple, en grec *laos*, qui donnera *laïos*, le « laïc ». Au sein du peuple, dès le Nouveau Testament, des « Anciens », ou « presbytres », sont chargés de conduire les premières communautés de chrétiens. Sur le modèle de ce qui existe déjà dans les communautés juives, ils sont des organisateurs et des gardiens de la communauté qui veillent sur le bon climat relationnel. Ainsi, Paul recommande « que l'épiscope soit irréprochable, mari d'une seule femme, qu'il soit sobre, pondéré, courtois, hospitalier, apte à l'enseignement, ennemi des chicanes, détaché de l'argent, sachant bien gouverner sa propre maison et tenir ses enfants dans la soumission d'une manière parfaitement digne[2] ». Il est appelé ici « épiscope », terme qui bientôt désignera l'évêque, ce qui montre combien les termes qui nomment les fonctions ne sont pas encore définis. S'il est « marié à une seule femme », cela ne signifie pas que la bigamie soit en vigueur dans le monde juif, mais plutôt qu'il n'a contracté de mariage qu'une seule fois. L'institution d'un corps de prêtres au sens moderne du terme obéit à un cheminement subtil. Dans la première moitié du IIIe siècle apparaît le mot « clercs » (qui désigne alors tous ceux qui exercent une fonction dans la communauté) opposé à celui de « laïcs », et on se met alors à parler de corps « sacerdotal » ou « sacré » ». Mais il faut savoir que, dans le Nouveau Testament, le mot « sacerdotal » désignait le peuple croyant[3], et que Jésus, par l'offrande de sa vie, a reçu une « consécration sacerdotale[4] » qui en fait le nouveau Grand-Prêtre. Cependant, dans la Lettre aux Hébreux qui en traite, Jésus n'était prêtre que dans la perspective de la fin des temps. Or, au début du IIIe siècle, on se met à attribuer la fonction sacerdotale de Jésus au « repas du Seigneur », l'acte central du culte chrétien. Voilà comment le peuple « sacerdotal » en a perdu le titre, au bénéfice d'une partie du peuple, les clercs[5]. Avec la reconnaissance du christianisme en 313, qui allait obliger la jeune Église à organiser de façon plus ferme son institution, la sacralisation des ministres n'a fait que croître. Mais ce faisant, l'Église a été infidèle à son fondateur, car il est difficile d'admettre qu'elle se soit donné des prêtres sacrés, mis à part du peuple et dotés de pouvoirs, alors que Jésus les avait combattus. Les spécialistes diront d'une part que les modes d'organisation d'une institution changent avec les contextes historiques – ce qui, en effet, est indispensable – et d'autre part que ce n'est pas du tout la même conception. Dans les traités de théologie, peut-être. Mais dans la réalité, les glissements sont permanents. La sacralisation du prêtre, si forte depuis des siècles, mais encore accrue dans l'institution actuelle, atteste bien d'un retour à une conception proche du Premier Testament, où le prêtre était un intermédiaire « sacré » qui mettait en contact avec la source du sacré, Dieu.

Quant aux femmes, il est difficile de savoir si certaines étaient prêtres car les sources manquent. Cependant, des conciles de l'Antiquité tardive leur interdisent de « toucher les vases sacrés », ce qui prouve une pratique, sans doute très marginale, qui a dû se prolonger durant le haut Moyen Âge. Par contre, qu'il y ait eu des femmes diacres, c'est-à-dire affectées à des tâches de service des pauvres et de la communauté, c'est attesté dès le Ier siècle, dans les lettres de Paul[6]. Mais la pratique s'est là aussi sans doute tarie vers la fin de l'Antiquité, au plus tard au tournant des deux millénaires, au moment de la réforme grégorienne. À partir de là, les charges fondamentales de l'Église – gouverner (en particulier en exerçant une responsabilité territoriale), sanctifier (par les sacrements), enseigner (dans les universités) – ne furent confiées qu'à ceux qui avaient reçu l'ordination presbytérale, les prêtres. Le perdant était le peuple chrétien dans son ensemble, jusque-là responsable de la vie et de la bonne santé de son Église. En son sein, les laïcs devenaient des « mineurs », en particulier les femmes dont certaines, les abbesses des grandes abbayes, dispensaient jusque-là certains sacrements.

Une référence qui persiste

Le second sujet d'étonnement est bien l'extraordinaire adéquation de cette fonction avec les besoins du peuple catholique. Il faut dire que, dès le Moyen Âge, l'institution a énormément investi dans l'éducation de ses prêtres, en leur apprenant à lire, à écrire et à ne pas céder à la simonie, cette confusion entre la bourse de l'Église et la leur. Pendant des siècles, le prêtre de paroisse, le curé, celui qui est affecté à la cure d'âmes, a assuré la cohésion de la communauté, en l'écoutant, en donnant ou en retenant les sacrements, dans l'abnégation, la pauvreté et, depuis le XIIe siècle, dans le célibat. Bien sûr, il y eut de mauvais prêtres, des cas de simonie, surtout dans la première moitié du Moyen Âge, mais dans l'ensemble, la remarquable confiance des fidèles dans leurs prêtres, lentement construite, ne s'est pas démentie. On comprend que le mot de « vocation » vienne à l'esprit pour qualifier ce choix. *Vocare*, « appeler ». Le prêtre est un homme « appelé ». Appel qui, aux origines, était celui de la communauté villageoise – bien loin d'une démocratie au sens moderne du terme, tout en cherchant un consensus populaire – mais qui, surtout après le concile de Trente (1542-1563), puis sous l'influence de l'école française de spiritualité du XVIIe siècle, est devenu le fruit d'un colloque intime entre Dieu et l'impétrant, jusqu'à effacer presque totalement la contribution de la communauté. Le séminaire, invention du concile de Trente, permettait, à défaut d'un appel venu d'autrui, de passer au crible la justesse de la vocation. Aussi, jusqu'aux années précédant la révélation des abus, l'image du prêtre était celle d'un homme de Dieu, bon, éduqué, autoritaire et donné aux autres. Un homme qui sondait les reins et les cœurs et qui, par le sacrement du pardon, remettait dans le droit chemin ceux qui étaient tombés dans des ornières. Quel catholique ne porte en lui une immense gratitude envers les prêtres de ce type, car il en a éprouvé les inestimables qualités ?

Malgré la crise des abus, il reste que, dans les esprits, ce sont encore eux et non les laïcs qui occupent la place de référence. À preuve, il est souvent proposé de rendre le célibat optionnel, mais plus rarement de confier des responsabilités importantes aux laïcs. Cette persistance de l'attachement à la figure du prêtre, alors que, depuis plus de quatre-vingts ans, le nombre d'ordinations baisse jusqu'à atteindre, en France, le petit score de cent par an, me semble être le troisième sujet d'étonnement. Même si, pour bon nombre de catholiques – pratiquants ou non –, le sens de l'histoire va vers la promotion du laïcat, les mentalités ne changent pas d'un claquement de doigts. Cet attachement clérical a été encore renforcé par la politique de Jean-Paul II (1978-2005) qui a réaffirmé que le prêtre restait sans contestation le pilier de l'Église, au point que sous son pontificat des laïcs ont été écartés de leurs responsabilités pour être remplacés par des clercs, alors même que ces derniers étaient peu nombreux[7]. Dans l'opinion publique actuelle, si la méfiance liée aux abus s'installe, la fragilité du prêtre n'est cependant pas encore appréhendée dans toute sa profondeur. Celui-ci reste une figure de référence. Mais comme les prêtres se font plus rares, l'attachement qu'ils suscitent est moins lié à leur personne qu'à leur fonction. Quantité de catholiques ne voient plus de prêtres, sauf à l'occasion d'une messe. Subsiste aujourd'hui comme une « mémoire de forme » – ici « de fonction » – qui serait imprimée dans l'inconscient collectif des catholiques, mais aussi de personnes totalement laïcisées, journalistes, élus, en particulier.

L'institution s'appuie sur cette référence pour en rester au statu quo. Elle manque de forces vives pour faire fonctionner la maison, mais elle compte sur un attachement à une fonction qui s'apparente à une ombre encore imprimée sur nos rétines. Les prêtres sont trop peu nombreux pour gouverner, mais on le leur demande encore. Les sacrements sont boudés, mais ce sont les prêtres qui sont chargés de sanctifier les fidèles. Les évêques, institués comme les successeurs des Douze, sont les dirigeants de l'Église universelle, à la simple condition de rester toujours en communion avec l'un des leurs, l'évêque de Rome, appelé « pape » (*papa*) depuis la fin de l'Antiquité. Même si le Nouveau Testament n'enjoint jamais à une telle succession, alors qu'il mentionne le terme d'*episcopoï*, et même si l'absence quasi totale d'informations sur les premières générations chrétiennes rend cette attribution plus symbolique qu'historique, ils sont eux aussi sollicités pour continuer à gouverner comme si de rien n'était. Dans les synodes, ces grandes assemblées qui les réunissent, des évêques décident, et leurs décisions affectent toute l'Église, femmes comprises. Ceci explique que toute voix qui se lèverait pour dire que l'on pourrait peut-être s'y prendre autrement qu'avec des prêtres pour tenir la maison reste encore difficile à recevoir. Aussi, soit par attachement des fidèles à un modèle qui, hier, a bien rempli son office, soit par attentisme de l'institution, la parole qui regarde devant peine à trouver ses auditeurs. Plus encore, puisqu'elle anticipe un deuil non commencé, et pour certains non accepté, elle est même tenue pour indécente.

Être prêtre ne signifie pas savoir gouverner

Cet appui inconditionnel sur des prêtres expose pourtant la gouvernance à de nouveaux risques. Si autrefois le vivier des prêtres était fourni et si leur niveau d'éducation était au-dessus de la moyenne des fidèles, ce n'est plus le cas. Lorsque le recrutement des prêtres se tarit et que le niveau d'éducation de la société monte, il est aisé de vérifier que le recrutement clérical n'est plus un gage suffisant de bonne gouvernance. Désormais moins instruits que leurs collègues laïcs, dans les facultés catholiques, les prêtres sont même parfois discrètement aidés à réussir leurs examens par quelques points supplémentaires. Et pourtant, ce sont eux et non des laïcs qui, demain, tiendront les chaires les plus importantes. Être prêtre ne signifie pas savoir gouverner. Si certains en sont capables, tous ne le sont pas. Combien de tensions et de blessures auraient pu être évitées dans les paroisses si les prêtres avaient été mieux préparés à coordonner les équipes de laïcs engagés ! L'institution compte sur les charismes des prêtres, tandis que les prêtres espèrent le secours d'une formation. Quant aux évêques, ils ne sont pas recrutés sur des critères de bon gouvernement. Il y a une trentaine d'années, au milieu du pontificat de Jean-Paul II, les nonces avaient reçu pour consigne de Rome de choisir des candidats pieux, obéissants, et dévots de Marie[8]. Quitte à recevoir *a posteriori* un petit vernis qui ne résisterait pas à l'épreuve des faits. Or, on ne gouverne pas aujourd'hui un diocèse comme au XVIIIe siècle, car la complexité du monde n'épargne pas l'Église. Certes, un évêque n'est pas un préfet, mais il devrait avoir au moins une formation équivalente à la sienne pour affronter la multitude de responsabilités auxquelles il devra faire face : responsabilités juridiques, économiques, sociales, environnementales, psychologiques, sens politique, tout cela ajouté aux qualités spirituelles qui sont les premières que l'on attend de lui. Seul un apport de sang neuf rehaussera la qualité de la gouvernance des diocèses.

D'autres nuages s'amoncellent autour du ministère ordonné. La suspicion nouvelle qui pèse sur le sacrement de l'Ordre depuis les abus en est un. Ce sacrement a été conçu comme un don de Dieu que rien ne peut abolir sauf la privation de liberté du sujet. Ainsi le droit canon affirme : « Par le sacrement de l'Ordre, d'institution divine, certains fidèles sont constitués ministres sacrés par le caractère indélébile dont ils sont marqués[9]. » Selon Mgr Éric de Moulins-Beaufort, ce caractère donne à celui qui le reçoit « un lien nouveau, d'un ordre spécial, avec le Christ, que rien d'humain, pas même une faute, ne peut supprimer[10] ». Par conséquent, la personne même du ministre devient sacrée. On peut comprendre qu'il reçoive la confiance de l'institution, puisque celle-ci a placé en lui le sceau de Dieu. Mais, dans les conditions actuelles, à l'étonnement succède l'inquiétude. Comment concilier la confiance de l'institution dans le modèle du prêtre avec la défiance dont ils sont aujourd'hui l'objet, à cause des abus, même si leur fonction reste la référence ?

L'institution parviendra-t-elle à résoudre une pareille antinomie ? Elle ne peut parier sur un retour de la confiance de l'opinion, car les parents éviteront désormais les contacts entre leurs enfants et les prêtres. En conséquence, la génération à venir ne sera plus formée par des prêtres et le modèle qu'ils illustrent ne pourra rester pérenne. Ce sera donc à l'institution d'accepter de changer. Cela lui demandera de reconsidérer radicalement toute la structure institutionnelle cléricale, diacres, prêtres, évêques, et même pape. Un séisme dans les esprits. Je suis d'ailleurs surprise que l'on ne pousse pas à son terme la *Lettre au peuple de Dieu* du pape François, alors qu'elle mène tout naturellement à la mise en cause du sacrement de l'Ordre, avec toutes les prérogatives qui l'accompagnent. Quand le pape parle d'Église synodale, il désigne une Église peuple de Dieu, à repenser en profondeur. L'institution s'y résoudra-t-elle ? Et quand ? C'est pourquoi, pour en revenir à ma modeste candidature, elle ne pouvait être que laïque. Par son insistance sur le laïcat, elle portait la dénonciation de l'impasse dans laquelle le sacrement de l'Ordre s'est fourvoyé. Enfin, si, dans le cadre de ces réflexions, je me devais de lever le voile et de poser clairement le constat de faillite, je ne peux, ensuite, que me taire et espérer que l'institution veuille se réformer.

4

La maltraitance ecclésiale envers les laïcs

Si dans l'Église catholique l'état de prêtre ouvre toutes les portes, lesquelles s'ouvrent donc aux laïcs ? La réponse est à bien soupeser, car les laïcs sont très présents dans la vie de l'Église, et leur contribution essentielle. Mais ils n'accèdent qu'exceptionnellement aux grandes décisions de leur Église. L'explication majeure de cette subordination est à chercher dans les textes qui les définissent. Le constat est stupéfiant : le laïc n'est défini que négativement. Au point qu'il n'y a pas, aujourd'hui, de pensée du laïcat. La réflexion théologique la plus solide reste celle du dominicain Yves Congar[1], mais depuis 1953, date de parution de son important ouvrage, non seulement les laïcs sont devenus bien plus nombreux que les clercs à se mettre au service de l'Église, mais Vatican II et Jean-Paul II ont mis leur marque. Cette carence dans la pensée explique nombre des dysfonctionnements actuels de la maison Église.

Penser le laïcat

L'une des difficultés de ce chantier est que, au temps de Jésus, le « laïc » à la manière actuelle n'existait pas. Le terme qui sillonne le Nouveau Testament est celui de *laïos*, « peuple », et plus précisément « peuple consacré ». Au sein de ce peuple, les prêtres du temple de Jérusalem étaient la classe dominante car ils avaient la haute main sur l'interprétation de la Loi révélée au Sinaï et devenue la base de la vie sociale. Ils accablaient les petits d'impôts et de prescriptions incessantes. Jésus a dénoncé leur culte des lèvres, la vanité des sacrifices qu'ils imposaient et les prescriptions qui pesaient sur le peuple. En faisant fi des règles de pureté et d'impureté (ainsi dans la rencontre avec la femme aux pertes de sang, ou la Samaritaine), il a mis à bas un système oppressif. De cette façon, il refuse la partition de fait au sein du peuple que génère le Temple. Pour lui, l'unité du peuple est une réalité essentielle, au point que j'y vois le vrai sens à donner à l'appel des Douze : quand Jésus renvoie aux douze tribus d'Israël, il appelle l'ensemble du peuple. C'est cet ensemble qui est aujourd'hui le successeur des Douze. Les successeurs des Douze ne sont pas les clercs, mais l'ensemble clercs-laïcs, c'est-à-dire le peuple des baptisés. Certes, la doxa de l'Église veut que les évêques soient les héritiers des Douze. Mais pourquoi seraient-ils les seuls ? Cette question, volontiers occultée par les institutions, recouvre pourtant une réalité que les historiens observent de façon récurrente au lendemain des grandes fondations. La captation d'héritage obéit sans doute à des besoins immédiats très forts. Mais en écartant d'autres héritiers, elle prépare un avenir plus difficile.

Aux tout débuts du christianisme, le baptême, institué par Jésus lui-même, signe de vie nouvelle par la participation à sa mort et à sa Résurrection, est devenu presque naturellement le sacrement nécessaire et suffisant de l'authentification chrétienne[2]. Depuis la partition des années 250, qui a vu l'apparition du prêtre, le laïc est en tension avec lui. Les clercs reçoivent le sacrement de l'Ordre, qui est un engagement pour toute la vie. Ils sont les piliers de l'Église et évangélisent les fidèles, par la prédication et les sacrements, alors que les laïcs, héritiers des promesses du baptême, qui les rendent « prêtres, prophètes et rois[3] », sont en charge de l'évangélisation du monde, essentiellement par leur conduite morale.

La clarté de ce partage est aujourd'hui brouillée. Elle est donc un peu complexe à expliquer, mais la démarche importe pour comprendre le résultat. Vatican II (1962-1965) a revitalisé la notion d'Église peuple de Dieu. En encourageant la formation et la prise de responsabilité des laïcs à l'intérieur même de l'Église, le concile a changé le sens du mot « laïc ». Celui-ci s'est mis à désigner deux groupes de baptisés : ceux qui sont engagés dans l'institution et ceux qui ne le sont pas. Certes, la définition de *Lumen Gentium* rappelle le « caractère séculier[4] » (c'est-à-dire engagé dans le siècle, le monde) commun à tous les laïcs. Mais aucune pensée du laïcat n'a suivi, tout au moins pas de façon harmonieuse. La promotion voulue par Vatican II ne s'est pas accompagnée d'une pensée claire. Il est intéressant de souligner que cette carence de pensée s'amplifie même, en moins de trente ans, entre les pères conciliaires et le pape Jean-Paul II. Observons-le de près. Vatican II propose :

> « Sous le nom de laïcs, on entend ici tous les fidèles, en dehors des membres de l'ordre sacré et de l'état religieux reconnu dans l'Église qui, étant incorporés au Christ par le baptême, intégrés au Peuple de Dieu, et participants à leur manière de la fonction sacerdotale, prophétique et royale du Christ, exercent pour leur part, dans l'Église et dans le monde, la mission qui est celle de tout le peuple chrétien[5]. »

Jean-Paul II accentue la captation cléricale : les laïcs sont « l'ensemble des chrétiens qui ne sont pas membres de l'ordre sacré et de l'état religieux reconnu par l'Église[6] ». Être « ceux qui ne sont pas » n'est guère invitant… Comment des personnes qui s'investissent parfois de façon considérable dans un service d'Église peuvent-elles ne pas en être blessées ? Plus profondément, comment « ceux qui ne sont pas » peuvent-ils se penser autrement que par soustraction ? Comment leur identité même peut-elle ne pas dépendre de « ceux qui sont » ? Cette définition par la négative non seulement souligne que l'institution fonctionne à l'envers de la proposition évangélique, qui accueille sans discrimination ceux qui veulent construire la maison commune, mais elle pointe l'origine de la maltraitance dont les laïcs sont l'objet. Une maltraitance sourde, mais instituée dans les textes de référence, donc efficace. Certains trouveront que le mot est fort, car dans les paroisses et les diocèses les relations peuvent être chaleureuses et fraternelles.

Mais des cas isolés ne font pas une vérité collective. Et se draper dans l'idéal évangélique sans donner une identité claire et des responsabilités réelles aux laïcs ne réussit qu'à masquer la réalité. Il faut oser regarder la situation de façon objective et non affective. Les laïcs sont en état de sujétion et donc de maltraitance.

Le laïc ne peut pas se penser quand on ne lui propose rien, sinon d'être aimanté par cette figure de référence qui lui sert de miroir. Le laïc ne peut être que le décalque du clerc. Et, plus grave encore, comment peut-il ne pas s'enfuir en courant quand ce modèle unique et imposé est boudé par la majorité de ses frères et sœurs catholiques, passés du côté des néo-catholiques ? Cette fuite accentue le clivage dénoncé plus haut, entre le 1,8 % resté et les 53,8 % partis. Comme il faut s'y attendre, le mimétisme clérical est de plus en plus fort chez le 1,8 % resté. C'est donc à raison que les clercs accusent les laïcs de contribuer au cléricalisme. Mais l'honnêteté pousse à dire que les laïcs cléricaux ne sont que le reflet du modèle qui leur a été imposé. D'identité propre, il ne leur en a pas été donné. Comment ne pas craindre qu'ils ne portent sur leur identité même la mort annoncée des clercs ? La centralité du prêtre, après avoir favorisé la cohésion du corps ecclésial, est aujourd'hui un facteur qui lui nuit.

Des bouche-trous ?

Certes, il avait été affirmé à Vatican II que le sacerdoce ministériel a sa finalité essentielle dans le sacerdoce royal de tous les fidèles et qu'il est orienté vers celui-ci[7].

Le frère Yves Congar a dit d'ailleurs dans une formule puissante que « le peuple est le plérôme de la hiérarchie[8] ». Il n'empêche que le plérôme (ou plénitude de la fin des temps) est un horizon spéculatif destiné à guider les décisions de l'institution, mais il peut aussi servir d'alibi à cette dernière pour ne rien faire. Le pape François a bel et bien rappelé que « les laïcs sont les protagonistes de l'Église et du monde ; nous sommes appelés à les servir, non à nous servir d'eux[9] ». Il a aussi fermement redit que « personne n'a été baptisé prêtre ni évêque[10] », formule qui rappelle que c'est le baptême qui permet le sacrement de l'Ordre. On dit d'ailleurs volontiers que la tête (le clergé) ne peut rien sans les membres (les laïcs). Il n'empêche que la tête, c'est le cœur de la décision, et que les membres sont là pour lui obéir. En somme, le laïc, engagé ou non, est non seulement soumis aux décisions du prêtre, mais aussi contraint de se penser sur un modèle unique dont on lui dit sur tous les tons qu'il n'est surtout pas le sien. Compliqué, tout ça !

Cet assujettissement est amplifié par Jean-Paul II, qui instaure une hiérarchie entre le baptême et l'ordination :

> « Les ministères ordonnés sont [...] la manifestation d'une participation au sacerdoce du Christ, différente, par sa nature et non simplement par son degré, de la participation donnée par le Baptême et par la Confirmation à tous les fidèles[11]. »

Déjà, le canon 230 du Code de droit canonique avait mis les points sur les *i* :

> « Là où les nécessités de l'Église le conseillent, et à défaut de ministres sacrés, des laïcs peuvent, même sans être lecteurs ou acolytes, remplir en suppléance telle ou telle de leurs fonctions : ministère de la parole, présidence des prières liturgiques, administration du Baptême, distribution de la Sainte Communion, suivant les normes du droit. »

« Différence de nature et non de degré », « en cas de nécessité », « suppléance »... Résultat ? Les laïcs sont des bouche-trous. Les voilà enfin positivement définis !

Écoutons encore Jean-Paul II, dans cette même exhortation apostolique :

> « Il faut remarquer toutefois que *l'exercice d'une telle fonction ne fait pas du fidèle laïc un pasteur*[12] : en réalité, ce qui constitue le ministère, ce n'est pas l'activité en elle-même, mais l'ordination sacramentelle. Seul le sacrement de l'Ordre confère au ministre ordonné une participation particulière à la fonction du Christ Chef et Pasteur et à son sacerdoce éternel[13]. »

En somme, il ne suffit pas de faire, même bien et de tout son cœur, il faut recevoir un sacrement pour prendre soin du petit troupeau du Seigneur. Énième confirmation de la brisure opérée au sein du peuple de Dieu, si révélatrice de la stratégie de pouvoir cléricale... L'instauration de cette distinction étonne quand on se souvient que le Nouveau Testament, dans la Lettre aux Éphésiens, partait des charismes des personnes pour définir ensuite des fonctions : « Le Christ [...] a donné aux uns d'être apôtres, à d'autres d'être prophètes ou encore évangélistes, ou bien pasteurs et docteurs[14]. » Jean-Paul II ne fait-il pas du sacrement un « en soi » déconnecté du récipiendaire ? Affirmation que nous interrogerons bientôt, lorsqu'il sera question des abus. La position du pape est d'autant plus difficile à soutenir lorsqu'on voit avec quelle obstination l'institution impose des conditions de sexe et d'état de vie aux impétrants pour accéder au sacrement de l'Ordre, au risque, assumé par beaucoup d'homosexuels, par exemple, de désobéir. Le récipiendaire aurait-il donc une certaine importance ? Mais plus encore, cette prééminence de l'ordination, c'est-à-dire de la mainmise institutionnelle, sur la spontanéité évidente de l'annonce fait sombrer clercs et laïcs dans un fonctionnalisme stérilisant, dans une crispation sur un titre, et elle les enferme dans des rôles. Où est l'élan qui pousse autant à annoncer qu'à exercer la tâche de pasteur ? Prenant un chemin différent, François rappelle que « chaque baptisé est un sujet actif de l'évangélisation[15] ». Mais derrière ces paroles positives, les contenus concrets ne suivent pas.

Enfin, il y a cette formule qui revient à chaque fois qu'est posée la question de l'accès des femmes à la prêtrise, et qui est censée clore le débat car elle associerait de façon exclusive les hommes au ministère ordonné : le prêtre agit « *in persona Christi* ». Comprenons : une personne d'un autre sexe que masculin n'est pas qualifiée. Or de lourds soupçons pèsent sur le sens qui lui est donné actuellement. Quand on lit le passage de la lettre de Paul d'où la formule est tirée[16], il n'y est évidemment pas question de ministère ordonné, inexistant à l'époque, mais de prescriptions autour du devoir de charité. Le dominicain Dominique Marliangeas a montré que cette formule n'avait jamais été appliquée au sacerdoce ordonné avant Pierre Lombard (XIIe siècle), et qu'une confusion de la traduction latine de la Bible, la Vulgate, a transformé la formule : « en présence du Christ », en cette autre : « en tenant le rôle du Christ[17] ». Bigre, ce n'est pas la même chose ! Peut-on fonder une distinction aussi radicale entre prêtres et laïcs sur des appuis scripturaires aussi fragiles ? N'est-il pas temps de dénoncer non seulement son manque de rigueur intellectuelle mais, pire, sa contradiction foncière avec le Nouveau Testament, qui ignore l'état de prêtre et conçoit tout autrement les charges à assumer ?

Penser le laïcat ne pourra se faire qu'en tempérant la structure hiérarchique de l'Église au profit du peuple de Dieu et en se fondant sur les charismes pour définir des fonctions.

Main basse sur le Christ

Dans ce rapide survol, il est utile de rappeler aussi l'importante hétérogénéité du laïcat actuel. La grande majorité des fidèles vivent leur foi dans une totale discrétion, au travail, en famille, dans leur vie associative. Et parmi ceux qui sont engagés, de grandes différences existent. Certains ensembles paroissiaux menés par une « équipe d'animation pastorale » sont co-animés par des laïcs accompagnés, parfois à distance, d'un prêtre modérateur. Des laïcs célèbrent des funérailles, d'autres, sur délégation, baptisent. En certaines paroisses « expérimentales », comme Saint-Merry à Paris, ils co-animent en profondeur la vie liturgique. À l'inverse, ailleurs, on refusera à des femmes de distribuer la communion ou de lire les passages bibliques qui rythment la messe. Enfin, selon les diocèses, les contenus des « lettres de mission » données aux laïcs diffèrent beaucoup. Cette hétérogénéité contribue à rendre encore plus floue la silhouette du laïc.

D'une façon générale, une mésestime manifeste envers les laïcs s'est fortement affirmée depuis une génération. Banalité de rappeler que, dans les discours officiels, ils sont toujours les derniers cités. Certes, il en était déjà ainsi il y a un siècle. Mais depuis, la contribution laïque s'est considérablement accrue au point qu'aujourd'hui, sans les laïcs, la maison s'écroule. Pourtant, rien ne change, ni le statut ni la considération. L'exemple le plus visible est la manière dont sont traitées les religieuses, qui sont des laïques, au sens canonique du terme. Jamais portées en exemple – sauf si elles sont mortes depuis deux cents ans –, peu associées dans les décisions et les prises de parole, écartées de responsabilités valorisantes, utilisées pour les services à bon marché qu'elles peuvent procurer, mais regardées avec soin pour la surface foncière qu'elles peuvent apporter aux finances du diocèse. Il y a aussi la maltraitance sur le terrain envers les laïcs, quotidienne, multiforme. Dans les paroisses, ils sont trop peu consultés ; des équipes liturgiques sont écartées du jour au lendemain par le curé. Trop de courriers au diocèse restent sans réponse. Le moindre des égards que des paroissiens devraient obtenir des curés est qu'ils motivent leurs décisions, en les appuyant sur le droit de l'Église. Les fidèles verraient ainsi, par exemple, que l'éviction des petites filles du service de l'autel (autrefois appelés « enfants de chœur », et qui s'était ouvert aux filles) ne répond à aucune justification théologique – les petits garçons n'ont prononcé aucun vœu qui permettrait de dire que la fonction leur est réservée. Elle est le simple fait du curé. Dans de nombreuses circonstances, les fidèles devraient contester de telles décisions. Parfois, ce sont des canonistes eux-mêmes qui les y encouragent. Mais concrètement, les laïcs ne sont pas assez informés des protections dont ils disposent et des initiatives qu'ils pourraient prendre. Tout clérical qu'il soit, le droit de l'Église protège les laïcs, même si protéger n'est pas promouvoir. Pour apprécier la considération dont sont l'objet les laïcs, je dois cependant faire place à une vraie exception : ceux des laïcs qui admettent, valident et encouragent la suprématie cléricale se voient confier des missions, des paroisses, et sont hyper-représentés à Rome. Ce sont ces laïcs-là que Rome veut voir. Toute monarchie a sa cour.

Les laïcs doivent aujourd'hui prendre conscience qu'ils se sont rendus dépendants d'une institution qui, maîtresse d'un Code de droit canon rédigé par des clercs pour des clercs, se fait juge et partie. Et que ce système hiérarchique basé sur la sélection, donc sur l'exclusion, porte en lui sa perte, car il humilie, révolte, ou fait fuir. Mais jamais il ne fait la communion, pourtant tant vantée et tant espérée. Souvenons-nous de la distinction, que l'on réentend de nouveau depuis quelques années, entre l'Église instituante (le corps des prêtres) et l'Église instituée (les laïcs). Elle est la version intellectualisée de l'image ravageuse du troupeau bêlant des brebis (les laïcs), conduit par de bons bergers (les prêtres).

Vilipendée à Vatican II, l'image est cependant revenue en force, non plus dans le discours, mais dans les faits. Sommes-nous condamnés à regarder Rome ériger des règles sorties de sa seule volonté et tisser un faisceau de codifications qui assoient la prépondérance cléricale sur l'ensemble du peuple catholique ? Mais diable, d'où vient cette « différence de nature et non de degré » propre au ministère ordonné ? D'où vient cette chasse gardée que les prêtres s'octroient sur certaines notions, sur certains termes : « pasteurs », « ministère », « Prenez et mangez »… ? D'où vient qu'ils dressent autour de la figure du Christ une sorte de cordon sanitaire qu'ils se déclarent les seuls à pouvoir franchir ? « Configurés au corps du Christ : c'est nous ! » disent-ils sans vergogne. « Main basse sur le Christ », voilà ce que je ne peux que leur répondre. J'ai entendu de la bouche même de prêtres : « Nous les hommes, nous avons le Christ, vous les femmes, vous avez Marie. » Peut-on supporter une pareille monstruosité théologique ? Agir ainsi revient à faire du Christ sa chose, sa marionnette surtout. Mon Dieu, se pourrait-il que le Christ soit devenu le support, l'instrument de l'ego de ces clercs aux prises avec la tentation universelle de l'idolâtrie ? Tous n'y cèdent pas, mais ils sont assez nombreux pour désarticuler la cohérence intellectuelle d'une proposition de foi. Ah, si je pouvais me tromper !

5

Un évêque laïc

Beaucoup des personnes que j'ai rencontrées ces derniers mois comprenaient mal que je veuille devenir un évêque laïc. Mais mon choix pour le laïcat est profond. En outre, devant l'assèchement du ministère ordonné, et surtout devant la faillite des clercs que signent les abus, comment vouloir courir le risque d'être happée par la dérive cléricale ? Il y a un pas de côté à opérer par rapport au ministère ordonné. Il faut en sortir pour s'en sortir. Certains m'ont fait remarquer que vouloir devenir évêque était déjà entrer en cléricalisme, mais on ne peut le prétendre pour un évêque qui ne souhaite prononcer aucun vœu, qui entend demeurer dans son état de vie habituel, celui de laïc, membre ordinaire du peuple de Dieu. C'est pourquoi ma candidature est profondément laïque et rien que laïque. Je souhaite qu'elle tombe dans l'escarcelle du laïcat, comme une contribution en actes à sa pensée.

Celui qui annonce l'Évangile

L'édification du laïcat de demain commence en rappelant ses lettres de noblesse antiques. Après le concile, beaucoup ont cru que le laïcat allait monter en puissance, gagner en crédibilité et en présence effective. Des responsabilités nouvelles ont été données à des laïcs, en particulier à des femmes. Des ouvrages importants sur les laïcs des origines sont parus[1]. Mais l'impact de ces rappels sur la structure institutionnelle a été très faible, tant la réaction cléricale a pris le dessus, en installant, comme nous l'avons observé, contrefort après contrefort pour rehausser la place du prêtre. Rappelons que dans le monde de Jésus où tout est laïc, le terme en lui-même ne génère aucune fonction. Mais comme nous l'avons déjà constaté[2], dès le Nouveau Testament[3], des responsabilités émergent, comme celle d'« Anciens », ou « presbytres », chargés de conduire les premières communautés de chrétiens. La feuille de route de celui que, aux premiers siècles, l'on appelle encore indifféremment « presbytre » ou « épiscope » est conforme à des modèles culturels antiques répandus.

Pour ne retracer ici que la genèse de la charge d'évêque, pour autant qu'on puisse la connaître, celle-ci apparaît vers les années 100. En 95, dans la *Lettre aux Corinthiens* de Clément, épiscope à Rome, presbytres et épiscopes sont encore confondus. Mais quelques années plus tard, la fonction sort de l'ombre, avec Ignace, épiscope d'Antioche, en Syrie, personnage d'une grande aura. Antioche est la troisième ville de l'Empire, avec 500 000 habitants, ce qui laisse entendre que la charge de l'épiscope est d'une autre nature que celle du presbytre. Le mot grec d'*episcopos* désigne celui qui « ouvre l'œil » pour veiller et surveiller sa communauté, la protéger et la défendre contre ses ennemis, intérieurs et extérieurs. C'est un gardien doté de responsabilités doctrinales. Selon nos catégories civiles actuelles, l'épiscope serait une sorte de gouverneur ou de préfet, dans le domaine spirituel. Si l'on en croit Eusèbe de Césarée, Ignace « renforçait les Églises ; et surtout, il exhortait, avec la plus grande vigueur, à se garder des hérésies, qui commençaient alors à se multiplier, et recommandait de ne pas se détacher de la tradition apostolique[4] ». Rectitude doctrinale en fidélité à l'Évangile et gouvernance d'une importante communauté sont les deux pôles de la fonction épiscopale. Ignace, qui sera conduit prisonnier à Rome pour y être livré aux bêtes, est un modèle d'évêque entièrement voué à l'annonce de la Parole de Dieu, au risque du martyre. Pour lui, la Parole n'est pas contenue dans de vétustes rouleaux, mais c'est la personne même du Christ, mort et ressuscité. On lui doit cette formule saisissante : « Pour moi, mes archives, c'est le Christ[5]. » Avec une belle évidence, Ignace montre combien le cœur de l'Évangile est une anthropologie, car la Parole de Dieu, c'est un être humain, le Christ.

Mais il faudra attendre un bon siècle de plus, vers 250, pour voir se définir la figure du prêtre, homme des sacrements, chargé de conduire le fidèle à Dieu. Peut-on affirmer que, dès les années 100, l'épiscope n'a été prêtre ni au sens sacerdotal du terme, bien évidemment, ni même au sens de presbytre, d'Ancien, même si Ignace parle de son « *presbyterium* » pour désigner ses collaborateurs ? Tout plaide pour le contraire. L'évêque se distingue du prêtre par le service assuré. L'intégration du presbytre dans sa communauté donne à penser que l'homme des sacrements a d'abord été le prêtre plus que l'épiscope. Homme de terrain, compagnon de la vie quotidienne, c'est lui l'animateur de la communauté. Quand les premiers sacrements se sont institués, l'Église en a adjoint la charge à l'évêque, en particulier celle de présider l'eucharistie, et, par voie de conséquence, la charge de maintenir la cohésion des prêtres en un même ensemble territorial. Mais la plus importante fonction de l'évêque reste l'annonce de l'Évangile, comme cela a été confirmé à Vatican II[6]. C'est pourquoi une candidature laïque à la charge épiscopale, dédiée en priorité à l'annonce évangélique et détachée de la charge des sacrements, non seulement n'a rien de choquant, même si cela chahute nos esprits marqués par l'omniprésence du prêtre, mais elle est plus conforme aux intuitions originaires qu'une candidature cléricale. Aussi, je l'assume sans crainte. En 373, Ambroise de Milan n'a-t-il pas été consacré évêque une semaine après avoir été baptisé, sans jamais avoir été auparavant ordonné prêtre ?

Certains craindront qu'en m'exposant si franchement à demander un pouvoir habituellement lié à la charge de l'évêque je ne gomme tout l'aspect spirituel qui accompagne cette charge, dépendante d'un appel, d'une vocation lentement mûrie dans la prière, confortée par l'entourage, et pétrie par l'expérience de la vie paroissiale. C'est vrai que les parcours spirituels préparatoires des clercs impressionnent : temps de discernement, formation de plusieurs années au séminaire, solennité des vœux. Puis, dans leur fonction paroissiale, les prêtres sont confrontés à des demandes de type spirituel : sacrements, écoute, liturgie…

Une spiritualité de la rencontre

Pourtant, ces parcours, longs et psychologiquement onéreux, ne soulèvent pas que de l'admiration. Des voix demandent, par exemple, la suppression des séminaires, au motif qu'ils contribueraient à isoler du monde les futurs prêtres. De fait, une fois plongés dans la rude vie de paroisse, certains accusent le coup. Ils souffrent du grand décalage entre ce qu'ils ont appris et l'indifférence de la société actuelle, où on ne les attend pas. Les crises psychologiques que traversent alors certains de ces prêtres devraient instruire l'institution et la rendre plus perspicace : est-ce en chambre que l'on éduque à la relation à Dieu, ou dans le monde ? Certes, les religieux choisissent de se mettre à distance du monde, mais leur vocation n'est pas celle du prêtre, homme qui doit donner vie à une communauté.

La question est grave mais je la crois féconde, car elle est à la racine de nombre de crispations actuelles. Ceux que taraude la peur d'une disparition du christianisme ont tendance à se réfugier dans de petits îlots où ils parlent la même langue et vibrent aux mêmes cantiques. Mais cette sorte de confinement ne mène à rien : on ne s'immunise pas contre le monde. Au premier contact, ils en subissent la dureté et l'accusent d'avoir perdu le sens de Dieu. Bien commode de pouvoir projeter sur autrui ses propres erreurs ! Les autres acceptent de vivre dans un monde où ils n'entendront peut-être jamais le mot de Dieu. Au moins, ils éviteront certains écueils graves, comme celui d'instrumentaliser un Dieu qui devient leur marionnette : « Dieu veut... Dieu dit que... Dieu n'aime pas que... » Ou celui d'idolâtrer une structure qu'ils admirent et dans laquelle ils se sentent reconnus, celui d'un entre-soi où ils se croiraient dans l'antichambre du bon Dieu... Ah, si parler de Dieu suffisait à le faire venir, les églises seraient plus remplies ! Dans la société sécularisée qui est la nôtre, la foi grandit en plein champ ou ne grandit pas.

Tout ceci invite à accompagner du mieux possible les balbutiements d'une spiritualité inédite, qui n'est, bien sûr, pas propre aux laïcs, mais que ceux-ci incarnent, parce qu'ils ont été plantés là, et qu'ils ont accepté d'y grandir. Elle n'a pas grand-chose à voir avec la piété et, comme la charité de la Deuxième Lettre aux Corinthiens, elle ne fanfaronne pas et ne se gonfle pas. Cette spiritualité est difficile à comprendre pour des milieux cléricaux qui ne voient qu'à partir d'eux-mêmes. Mais il faut comprendre, admettre et accueillir comme une chance que la question spirituelle se négocie autrement dans une vie de laïc. « Autrement » et non « moins bien ». Vivre une vie affective dense, exposée à de grandes joies mais aussi à l'échec, élever des enfants et se tromper tous les jours en croyant les éduquer, affronter une vie de travail aux relations multiples et souvent faussées par des rapports hiérarchiques, tout cela est l'or d'une vie spirituelle que tous les jours Dieu pétrit au feu du creuset. Quant au temps d'un laïc, il est compté, ses engagements sont multiples, ses choix éthiques continuels. Arbitrer les priorités dans un agenda, devoir choisir entre un moment familial et une réunion paroissiale n'est pas une privation qui fait mal, c'est un acte spirituel, car il exprime un choix qui d'une part signe une liberté, et d'autre part met celui qui l'exerce, jour après jour, de plus en plus en dialogue avec le réel, lieu de création et de recréation. Autrui vous provoque, la relation qui se joue entre les êtres est omniprésente, et c'est elle qui est le socle de la relation au Christ. Aussi, il faut oublier les modèles cléricaux, car ils ne sont pas adaptés à une responsabilité spirituelle de laïc. Celle-ci doit s'inventer, en faisant de la vie quotidienne de chacun le lieu de la rencontre avec Dieu. Ceci précise un peu le rôle de l'évêque : il est chargé de donner aux fidèles de son diocèse tous les éclairages et tous les outils dont ils ont besoin pour faire de leur existence le lieu privilégié de leur vie spirituelle, tout en leur offrant des lieux et des temps de retrait. Sans ce respect permanent pour la sainteté de la vie ordinaire, se polariser sur le nombre de confessions ou d'ordinations ne sert à rien, sauf à stériliser davantage les sacrements.

Nous avons changé de contexte, la société a changé. La vie spirituelle aussi se sécularise. Nous nous projetons moins facilement dans la spéculation qui sous-tend les grands mythes fondateurs : la vie des trois personnes divines, l'enfer, le paradis, le jugement dernier…, pour nous attacher à la vie de Jésus, exemplaire, accomplie. Et la vie spirituelle qui paraît la plus féconde aujourd'hui consiste à suivre le Christ au plus près de sa vie et de la nôtre. Et c'est à partir de la vie de Jésus, tournée vers plus grand que lui, ce Père mystérieux, que nous apprenons, déroutés, mais toujours émerveillés, à dépasser l'apparente matérialité de nos existences pour accéder à « ce que l'œil n'a jamais vu, que l'oreille n'a jamais entendu[7] ». Ainsi se dessine l'importance de la place vide, celle que l'on nomme Dieu en acceptant de ne pas savoir qui il est, une place que tant aimeraient combler de leurs manques, que tant convoitent pour la soumettre à leur service propre, mais qui est une pièce maîtresse de tout dispositif spirituel. En somme, notre temps plaide pour l'expérience plutôt que pour le dogme. Nous ne répéterons plus un Credo que nous ne comprenons pas. Puisque cette vie de l'Esprit traverse à la fois notre intime – notre corps et notre psyché –, notre lien au monde – avec tout le train de nos relations interpersonnelles –, nous devons bien connaître nos mécanismes psychiques et être pleinement présents au réel et aux autres. Le socle de cette spiritualité n'est autre que la présence à soi, la capacité à vivre dans un rapport à soi le plus vrai possible. Les récents acquis des sciences humaines ne peuvent donc être ignorés : psychanalyse, communication non violente, analyse systémique, développement personnel, yoga, méditation en pleine conscience… Si ces outils sont requis pour un simple fidèle, ils sont décisifs pour un évêque, au point de considérer comme indispensable que tout évêque soit formé afin de se connaître lui-même et de pouvoir ainsi aider autrui. Une bonne compréhension de l'interaction entre les dimensions psychique et spirituelle de la personne est un outil précieux pour baliser un itinéraire spirituel. Ainsi, il n'est plus envisageable de ne se fier qu'aux enseignements des maîtres spirituels d'hier pour faire grandir sa relation à Dieu, même si leur fréquentation non seulement nous enseigne, mais est source de fraternité et de communion avec nos aînés dans la foi. Du nouveau nous est sans cesse donné par la modernité, qui elle aussi contribue à cette construction d'une nouvelle spiritualité.

La débâcle sacramentelle

Reste à se demander comment un évêque laïc pourra soutenir la vie spirituelle dans son diocèse. Il est facile et un peu cruel de commencer par lister ce qu'un évêque prêtre ne parvient pas à apporter. Mais il faut admettre lucidement que le courant ne passe plus. Est-ce lié aux personnes, aux contenus, à une usure qui n'a pas été décelée à temps ? Quoi qu'il en soit, la désaffection actuelle appelle autre chose. Et le temps presse, car beaucoup de néo-catholiques ne « s'y retrouvent plus » depuis longtemps. Ils boudent la plupart des sacrements, même le baptême, dont le bien-fondé anthropologique est pourtant évident, ainsi que le sacrement des malades. Mais en ce qui concerne ce dernier, si s'est tarie la foi en un au-delà, vers quel avenir accompagner le futur défunt ? A contrario, accueillir un nouveau-né dans la famille humaine parle à tout le monde, même si le sens profond de ce sacrement est de plonger le baptisé dans la vie du Christ, c'est-à-dire dans le mystère de sa Passion et de sa Résurrection, lieu du don de soi. Même les baptêmes baissent : de 334 000 en 2008, ils ne sont plus que 231 000 en 2017[8]. Ordination, confirmation sont au plus bas depuis longtemps.

Mais le recul le plus inquiétant est celui de l'eucharistie, tenue pour le « sommet de la vie chrétienne[9] ».

Sur ce sujet, le premier confinement dû à la pandémie, en privant les fidèles de messe pendant plus de deux mois, a accéléré une prise de conscience dont la radicalité impressionne. Un certain nombre d'entre eux a osé tenir, *mezzo voce* ou non, des propos qui ont de quoi faire trembler l'institution. « Je ne m'en porte pas plus mal... », « Cela ne me manque pas trop ». Et, surprise, ces aveux n'émanent pas de catholiques peu pratiquants, mais du cœur du réacteur, de ces « forts » dont parle Paul, comme ces religieuses qui, en toute sérénité, m'en ont fait le constat. C'est aussi ce que disent nombre de catholiques « du milieu du rang », qui ont jusque-là docilement accepté le discours actuel sur l'eucharistie.

Car il faut oser dire que l'eucharistie actuelle n'est plus que l'ombre d'elle-même. Une première amputation, très ancienne, a séparé la liturgie de l'agir chrétien. Si le don du Christ dont il est fait mémoire ne s'inscrit pas dans une histoire de partage – et si cette histoire n'est pas insérée dans la liturgie même –, le sacrement n'est plus qu'un simulacre. La seconde dérive, récente, a consisté à faire de l'eucharistie une « performance de présence divine » réalisée par le prêtre, qui s'instaure « *alter christus* », oubliant que la formule, due à un Père de l'Église, désigne tout chrétien. Il a fallu l'école de spiritualité du XVIIe siècle pour en faire un apanage clérical. Performance divine qui donne au prêtre le pouvoir de « faire descendre Jésus sur l'autel », comme je l'ai entendu. Enjoindre au Christ de descendre, même si l'on feint de croire qu'il vous l'a expressément demandé, n'est-ce pas présomptueux ? Le dommage majeur de cette exaltation du pouvoir du prêtre est de faire oublier l'assemblée. Pourtant Paul avait bien dit aux Corinthiens : « Vous êtes le corps du Christ[10] » ; pourquoi ne pas en tenir compte ? Aussi, j'ose poser la question : au moment où je viens de recevoir le Corps du Christ, est-ce que je fais mieux de me recueillir en moi-même pour parler à ce *Christ qui vient en moi*, ou de garder mes yeux grands ouverts pour regarder s'en venir jusqu'au banc d'autel cette humanité dont je suis la sœur, faite d'individus de toutes sortes, les pressés qui veulent être les premiers, les impatients qui poussent la file, les endimanchés comme les affranchis du dimanche, les courbés, les souriants à eux-mêmes, les ostensiblement pieux, les affligés, ceux qui viennent accompagnés de leur canne, et qui l'un après l'autre ouvrent le creux de leurs mains, dans un respect dont je peux témoigner qu'il prend autant de formes différentes que de personnes ? Cette assemblée, n'est-elle pas le Corps du Christ ? N'est-ce pas vers elle que l'Église doit inviter à aller ? Aujourd'hui, dépourvu de son ossature éthique et ecclésiologique, le sacrement se trouve livré non seulement à la dévotion affective mais au risque de la magie. L'hostie, « signe » de la présence réelle du Christ, est devenue « Jésus hostie », une fin en soi. Est-il théologiquement juste de voir, dans des vidéos éditées par la Conférence des évêques de France, un Jésus de pied en cap, dressé sur une patène[11] ? Est-il juste de chanter ce « maître de l'univers qui s'humilie pour nous au point de se cacher dans une petite hostie de pain[12] » ? Le corps du Christ est aujourd'hui chosifié et amputé de la dilatation sans limites que la théologie lui reconnaît. Rien d'étonnant à ce que des catholiques attentifs à leur propre écoute intérieure aient découvert que ce Jésus qui sort du chapeau ne leur manque pas, qu'ils préfèrent le rencontrer ailleurs, dans le partage et la main tendue. Plus encore, ils risquent de penser qu'ils ont été dupés par une institution qui a laissé ses clercs jouer aux prestidigitateurs. Et ils peuvent désormais voir au grand jour, comme une morsure au cœur, le divorce tragique entre un Dieu qui met à bas les idoles et un corps de clercs qui, inlassablement, les reconstruit.

Plus largement, ces constats posent une grave question : peut-on sauver les sacrements ? Comment un évêque laïc, dépourvu de pouvoir sacramentel, peut-il contribuer à remanier en profondeur leur usage ? Cela nécessite une vraie coopération avec les prêtres dont l'expérience et la pratique sont partie prenante à la fois du diagnostic et du changement. Outre que le lien entre les sacrements et les actes de celui qui les reçoit devrait être plus visible et plus institué, il faudrait surtout que les clercs ne fassent plus peser sur les fidèles le pouvoir que leur donne la délivrance des sacrements, en particulier de l'eucharistie. Après en avoir établi la centralité dans la vie chrétienne, on en prive certains, les divorcés remariés par exemple : « Je t'en prive car tu n'es pas sage ! ». Mais les punir ainsi revient à les soustraire de l'Église, puisque l'on a clamé *urbi et orbi* que c'est l'eucharistie qui fait l'Église. Lourdes sont les conséquences à la fois d'un tel chantage et des dérives énoncées plus haut. À mon sens, cela tue la puissance opératoire du sacrement, qui est avant tout relationnelle – entre le fidèle, le ministre et Dieu –, et cela le détourne vers une opération magique.

Un évêque laïc

Au terme de ce bref constat, ne faut-il pas se demander qui, demain, offrira un réel secours sacramentaire ? Un évêque laïc devra d'abord écouter et réfléchir avec d'autres, prêtres et laïcs, aux propositions qu'il pourrait faire sur ce sujet. Plus qu'un souci de la forme, c'est le lien avec l'existence qu'il faut parvenir à exprimer dans un sacrement. Devenir attentif aux passages, aux ruptures, aux seuils, aux joies, aux souffrances, car ce sont les lieux où s'ancrent des sacrements.

6

Parler d'amour en temps d'abus

Depuis les scandales des abus sexuels, depuis cette négation radicale de l'amour, depuis que la tromperie, comme une tempête de sable, s'est infiltrée partout, peut-on encore, dans l'Église, se dire des mots d'amour ? Peut-on monter en chaire et ne serait-ce que lire « L'hymne à la charité[1] » de Paul, ou la confidence de Jean : « Mes bien-aimés, Dieu est amour[2] » en regardant l'assemblée dans les yeux ? Les victimes dont la vie a été durablement meurtrie, entravée parfois sans rémission ne peuvent entendre que Dieu les aime. Si grande est la sidération devant ces conséquences que le silence tombe sur nos épaules et cloue nos mots au pilori de la vanité. Tous les catholiques sont touchés. Et bien sûr, un évêque laïc portera aussi le poids de ces fautes. Non seulement son discours mais tout son mode d'être en seront affectés. Il devra affronter, pour lui-même et pour les catholiques de son diocèse, de lourdes et difficiles questions à la fois théologiques et éthiques. Que dire ? Mais aussi que faire ?

Se préoccuper des prêtres ou des victimes ?

Le premier constat que je fais, c'est ce tropisme qui existe dans l'opinion, surtout catholique mais pas seulement, de braquer le projecteur sur le prêtre. Encore et toujours, c'est vers lui que les regards se tournent. Certes, il est important de disculper clairement l'ensemble des prêtres des fautes d'un tout petit nombre d'entre eux Pourtant, ce sont les victimes qu'il faut d'abord entendre. Pour l'heure, on estime leur nombre à 4 000, entre 1950 et aujourd'hui. Quatre mille vies bouleversées, et celles de leurs familles, elles aussi touchées. Je range dans les actes d'amour le travail de la CIASE (Commission indépendante sur les abus sexuels dans l'Église), créée en novembre 2018 par l'épiscopat français et la Conférence des religieux et religieuses de France, sous la menace brandie par *Témoignage chrétien* de la création d'une autre commission, parlementaire celle-ci, qui aurait eu un retentissement médiatique et politique bien plus ravageur pour l'institution[3]. Si cette pression extérieure n'avait pas été forte, la CIASE n'aurait pas vu le jour. Selon le mandat qui lui a été donné, « la mission de la CIASE s'articule autour de trois grandes phases : l'établissement des faits, la compréhension de ce qui s'est passé et la prévention de la répétition de tels drames ». Depuis cette date, la CIASE collationne les plaintes et écoute les victimes dans des auditions publiques, sur le territoire français, métropole et outre-mer, avant qu'une restitution globale de ses conclusions ne soit effectuée, à l'automne 2021. Sans avoir la même surface ni la même visibilité, des cellules d'écoute venant d'associations laïques se sont mises en place.

À la différence de la CIASE, ces dernières sont spontanées et témoignent de la volonté, de catholiques ou non, d'aborder la question du dommage psychique et spirituel envers les victimes. De leur côté, les victimes ont choisi parfois le repli, parfois de s'unir pour se battre ensemble afin que la vérité des faits soit reconnue. À Lyon, les victimes du père Preynat, aumônier du groupe scout de Saint-Luc, se sont constituées en association, « La Parole libérée », qui s'est portée partie civile contre le père Preynat et contre le cardinal Barbarin. Beaucoup de victimes ont décidé de quitter l'Église. Un petit noyau a choisi le contraire et continue à avoir quelques échanges avec la Conférence des évêques. La question de leur indemnisation financière reste ouverte et s'annonce conflictuelle, même si les victimes disent souvent ne pas y voir la principale raison de leurs plaintes. C'est surtout la vérité qui est en jeu. C'est elle que les victimes mettent comme condition – ou comme preuve – de l'authenticité d'une contrition, donc de la possibilité d'un amour, même si, évidemment, le terme n'est pas utilisé.

Il demeure nécessaire de continuer à se questionner sur ce qui pourrait être fait avec les victimes pour assainir l'avenir. Que, par exemple, se créent avec les victimes et d'autres acteurs de la vie paroissiale des associations de prévention des abus. Ou, tout simplement, des lieux d'échange avec les victimes pour qu'elles aient, avec elles, à côté d'elles, des catholiques qui les écoutent, non pas en juristes, et non pas nécessairement pour reparler d'abus, mais en frères et sœurs, sur les sujets qui occupent les uns et les autres.

Dans l'opinion catholique, au milieu du silence horrifié, on a aussi beaucoup entendu l'expression d'une inquiétude et d'un sentiment de victimisation de l'Église, malmenée par ces révélations : « Prions pour l'Église, prions pour nos prêtres ! » Certes, il y a dans cette intention le désir de ne pas faire porter par les prêtres actuels, innocents, la faute de certains. Mais il y a aussi la très grande difficulté, voire l'impossibilité profonde, non feinte, d'imaginer que des prêtres aient pu commettre ces fautes. Certains se demandent pourquoi Dieu a laissé faire. Et ils opposent en guise de digue le pauvre bagage des constructions sacramentaires… Pourquoi le sacrement de l'Ordre, tant magnifié par l'institution, n'a-t-il pas protégé le prêtre de la tentation d'abuser ? « Nous l'avions ordonné, et il n'a pas su être à la hauteur du sacrement ! »

Nous voilà de nouveau amenés à entrer, de façon un peu technique, dans un développement autour des sacrements. Quelle est la nature du mandat que les catholiques, et surtout les clercs, qui actionnent à leur guise le Code de droit canonique, accordent aux sacrements, en particulier celui qui concerne le prêtre, l'Ordre ? Le résultat ne manquera pas de surprendre. Tout d'abord, il ne faudrait pas croire, contrairement à ce que pensent certains, que le sacrement soit un « en soi ». En effet, il n'est pas une sorte de talisman qui protégerait des assauts du mal. Ce n'est donc pas en instituant un sacrement que nous parviendrons à nous défausser d'un mal que nous aurions commis, personnellement ou collectivement, au sein d'une institution. La manœuvre est un peu grosse. Peut-être est-ce ce transfert non assumé qui sévit dans le courant fondamentaliste qui fait confondre les deux. Certes, cette conception magique d'un sacrement tout-puissant ne date pas d'hier, mais j'observe, par exemple, qu'il y avait plus de discrétion dans les discours de Paul VI et des évêques de son temps que dans ceux de Jean-Paul II et des évêques de notre temps.

Le résultat est cette stupéfiante incompréhension de certains devant la réalité de l'abus. Comme s'ils s'affolaient de ce que la construction sacramentaire n'ait pas tenu. Ainsi, un jeune prêtre me disait son désarroi à la pensée que Jean-Paul II, qui avait reçu le sacrement de l'Ordre, n'avait su, malgré sa vie de « grand homme de prière », éviter le mal : il avait imposé le silence sur la pédophilie dans l'Église, soutenu et protégé Marcial Maciel, fondateur de la Légion du Christ, cet ordre religieux qui fournissait des prêtres en grand nombre à Rome, mais qui a abusé de centaines d'enfants, qui eut au moins cinq enfants que le pape bénissait lors de leurs voyages à Rome, qui a soutiré des héritages à des personnes en état de faiblesse. Mais quel pouvoir ce jeune prêtre attribue-t-il au sacrement de l'Ordre ? Il le porte si haut qu'il lui confère le pouvoir de changer un être humain malgré lui. Et derrière sa question pointe un doute : Dieu n'aurait-il pas fait son travail ? Ne s'est-il pas lui aussi engagé dans le sacrement ? Là est la racine de l'incompréhension. Ce prêtre croit sans doute qu'un sacrement a une vie propre sans intervention humaine. Mais, même si l'Église voudrait mettre sa foi à le croire, c'est un leurre. Sans la foi du récipiendaire, le sacrement ne sert à rien. Il n'est pas opératoire.

Aimer en actes

Une importante interrogation est sous-jacente à ce débat : comment Dieu intervient-il dans les affaires humaines ? Comme il le veut, ne peut-on que répondre. Mais encore… ? Intervient-il directement ou indirectement ? Par l'intermédiaire de la nature ou des hommes ? Encore une fois, comme il le veut. Alors, comment le savons-nous ? L'Église répond : par la Parole de Dieu, par les sacrements, dans nos existences, mais toujours par la foi. Un adage thomiste dit que « Dieu exauce la nature », c'est-à-dire qu'il intervient en respectant les médiations que sont la nature et les êtres humains. Ceux-ci servent de vecteurs à une Parole divine. Mais ce n'est qu'un adage, pas un théorème. Car qui peut peser sur la liberté de Dieu ? À répondre que Dieu intervient directement, un croyant peut, certes, conforter sa foi, pour toujours ou pour un temps. Mais lorsqu'une institution le dit et l'érige en certitude opposable à tous, elle s'expose au danger de la manipulation. C'est ce risque qui, je crois, a été pris en ce qui concerne le sacrement de l'Ordre. Comme nous l'avons déjà constaté, le droit canon a pris un gros risque : il le gratifie d'un sceau divin, seul des sept sacrements à bénéficier d'un tel titre[4]. La force acquise par cette conviction s'est encore manifestée ces dernières années. On a vu la réticence extrême à « relever un prêtre de ses engagements sacerdotaux », formulation canonique de ce qu'on appelle aussi la réduction à l'état laïc. Mais si l'institution accepte – avec retard – de prendre des sanctions, de degrés divers, il reste encore impossible de relever purement et simplement un prêtre de son ordination. Sauf privation manifeste de sa liberté, il est prêtre pour toujours. Avec une prudence non dénuée de courage, Mgr Éric de Moulins-Beaufort, président de la Conférence épiscopale, suggère une « clarification canonique ». « Peut-on considérer comme tout simplement nulle et non avenue, dit-il, l'ordination d'un homme dont on découvre plus tard qu'il a une personnalité pédophile, comme si la grâce du caractère sacerdotal ne pouvait "accrocher" réellement sur une telle structure[5] ? » Mais se situer ainsi fait trembler la terre du monde clérical, car c'est le début d'une longue remise en question dont le terme serait la sécularisation du sacrement, désormais rapatrié sur terre, et confié au discernement des hommes. La sacralisation initiale donnée au prêtre disparaîtrait et le sacrement ne fonctionnerait plus comme un talisman absolu. Enfin, en face des abus, la prérogative conférée au sacrement de l'Ordre ravive une question de toujours, celle de la « puissance » de Dieu. Quel est son socle ? Est-elle dépendante de nos médiations ?

Ce pragmatisme est encore loin d'une prise de conscience pleine et entière de la tromperie qui a été instillée dans les consciences dans les affaires d'abus. Celle-ci a deux facettes que je voudrais mettre en lumière, même si la lumière paraît un peu crue. La première est que, au dire même des victimes, le prêtre auréolé du sacrement divin leur a promis Dieu et leur a vendu le diable. Il s'est drapé en Dieu pour faire le mal. Ou, pour le dire autrement, les clercs ont enfourché le balai de l'apprenti sorcier et ont inondé la maison, en ruinant un sacrement qui, pour certains, était leur plus beau titre de gloire. La seconde facette de la tromperie est que l'institution dans son ensemble s'est rendue coupable du crime théologique évoqué à l'instant. Il s'agit d'ailleurs du péché récurrent de l'institution catholique : j'instrumentalise Dieu à mon profit. Je commence par conférer un énorme pouvoir à une fonction… que je fais mienne et que je réserve à des élus, en la protégeant contre ceux qui ne me plaisent pas, les femmes, les mal bâtis, et autres indésirables. J'obtiens ainsi une sorte d'imprimatur divin sur tous mes gestes. Un sésame, un passe-partout. Ah, si au moins, ai-je envie d'objecter, ce sceau était « vraiment » divin, passe encore, la crédulité serait de bon aloi, mais, en cette circonstance, le divin dont s'affuble le clerc n'est qu'une idole entre ses mains. Pour en protéger le pouvoir, il la déclare d'ailleurs « sacrée ». Et peut-être même que, plus il loue *urbi et orbi* sa sacralité, mieux il la manipule… Par honnêteté pour l'Évangile, démasquons le leurre : cette institution juge et partie s'est laissé griser par le pouvoir qu'elle s'est attribué. Elle croit avoir volé le feu, mais la flamme ne résiste pas au moindre vent. Les prêtres sont des êtres humains, ils ne sont pas à la hauteur du sacrement qu'ils s'imposent. Tous, nous sommes faillibles, mais se leurrer sur ses capacités en s'abritant derrière le Seigneur se paie un jour. Qui veut faire l'ange fait la bête. Certains des papes récents ont intensément voulu une Église de clercs, munis d'un pouvoir sacramentel cautionné par Dieu lui-même. Mais la réalité a rattrapé au tournant à la fois les idéalistes et les conquérants. La conséquence majeure que je tire de ces tristes affaires, c'est que le sacrement devrait être fait pour l'homme et non l'inverse. Si l'on n'adopte pas cette règle avec honnêteté et rigueur, il est vain de vouloir parler d'amour dans l'Église d'aujourd'hui.

Partager, signe d'amour

Cette règle doit valoir pour l'ensemble des sacrements, l'Ordre, mais aussi le sacrement de mariage, où la dérive est nette et a fait souffrir quantité de couples. On ne peut divorcer, dit l'institution, parce que le mariage représente l'union du Christ et de l'Église. Pour le comprendre, il faut remonter le temps. Selon les prophètes du Premier Testament, Dieu aime son peuple au point de l'épouser. Et selon la typologie qu'ils utilisent, Dieu est en position masculine et le peuple en position féminine. Paul a repris cette image à propos du Christ et de l'Église, pour l'appliquer au couple, homme et femme. Et cette construction typologique pèse sur lui depuis deux mille ans. Quel insupportable fardeau ! Hier, les grands négociaient leurs divorces et les petits s'arrangeaient sans publicité. Aujourd'hui, dans les pays occidentaux, plus d'un couple sur deux divorce, tandis que la typologie paulinienne traverse les siècles sans que l'institution révise sa manière de la comprendre. Mais est-elle au service des couples ou les couples sont-ils à son service ? Par quelle distorsion de la pensée, par quel aveuglement, par quel antihumanisme, même, peut-on en venir à absolutiser le discours typologique ? Comment s'étonner que des couples divorcés remariés quittent l'Église quand on voit la dureté, la rigidité d'esprit avec lesquelles ils sont traités ? Eux, des êtres de chair, des enfants de Dieu qui souffrent et se reconstruisent... traités plus bas qu'une idée, moins bien qu'un concept...

Les abus révèlent aussi l'immense retard de l'Église catholique dans sa connaissance du psychisme humain. Il est urgent de consentir à une vraie formation psychologique de tous les acteurs de la vie ecclésiale, prêtres et laïcs engagés. Il en a souvent été question au fil de ces pages. Mais, en ayant sur la ligne d'horizon le risque des abus, il est urgent, tant que l'Église sera menée par les clercs, de mieux former les candidats au sacerdoce, dont l'immaturité sexuelle a souvent été observée. Les laïcs ont, eux aussi, à tirer profit d'une formation, ou du moins d'une meilleure éducation à la relation. Ils ont à comprendre que plus on cherche à instituer l'amour comme le maître mot des relations interpersonnelles, plus un travail de fond s'impose sur la notion de distance critique, ce que la spiritualité chrétienne appelle la chasteté. Personne n'aime le monde entier. C'est une parole qui se condamne à l'insignifiance, une parole « folle », dépourvue de sens, que dénonçait justement Amos Oz dans son *Judas*. Quand on prône un amour universel, il importe de bien définir sa nature et ses modalités. L'Église, en particulier par les ordres monastiques, a une grande pratique de la subtilité des rapports entre les personnes. Pourquoi ne pas la réentendre, et éventuellement la rajeunir avec ce que nous savons aujourd'hui du psychisme humain, et la purger de ses dérives, inévitables avec l'usure du temps ? À l'occasion de ces questionnements renouvelés, la place de la sexualité sera à reconsidérer de fond en comble, car le discours ecclésial sur le sujet est inaudible. Il cantonne la sexualité aux actes sexuels proprement dits, et il subordonne leur exercice à la reproduction, bien que Jean-Paul II ait partiellement reconnu la légitimité du bonheur de la simple relation. À la différence du judaïsme qui exalte le plaisir sexuel en lui-même, parce qu'il est un don de Dieu, le catholicisme ne sait rien en dire. C'est un sujet inexploré. Normal, les clercs, emprisonnés depuis toujours dans le déni, n'ont aucun bagage à transmettre. Ils ne seront pas compétents pour le mener à bien. Il n'y a que les laïcs qui puissent ouvrir ce chantier. Et obtenir que leurs conclusions passent dans les faits.

Enfin, parmi les actes majeurs qui s'imposent après ces échecs – échec des vœux, de la gestion des abus, de l'amour envers son prochain –, vient la question du changement de leadership dans l'exercice des responsabilités ecclésiales. Pour bien moins que cela, un chef d'entreprise, un chef de gouvernement auraient été mis en minorité et priés de se retirer. Qu'en est-il des clercs ? Rien ne bouge. Les épiscopats retiennent leur souffle. Suffit-il qu'ils fassent le dos rond et comptent jusqu'à cent ? Suffit-il qu'ils tiennent leurs yeux fermés et leurs oreilles bouchées pour ne pas voir ni entendre ? Mais le pardon n'est pas qu'un mot, c'est un acte. Aussi, quel pardon demander aux victimes si l'on ne met pas sur la balance sa fonction et sa responsabilité dans le crime ? Zachée était prêt à rendre au quadruple ce qu'il avait extorqué[6], et les clercs n'envisageraient aucune remise en question de leur responsabilité dans ces abus ? Pourtant, aimer pour de vrai se voit dans les actes. Accepter d'avoir failli et, en conséquence, de se retirer est un signe d'amour. Dans la Bible, la vraie mère de l'enfant réclamé par deux femmes qui se présentent devant le roi Salomon se trahit parce qu'elle préfère voir son enfant vivant dans les bras d'une autre que coupé en deux pour satisfaire une justice théorique qui ferait mourir l'enfant[7]. Ainsi, le corps des clercs, s'il aimait le peuple dont il dit qu'il lui a été confié, plutôt que de persister à vouloir le conduire, au risque de mal s'y prendre, devrait préférer le voir prendre en main directement sa gouvernance. Avec des risques réels, qui peuvent toutefois être réduits si une vraie coopération s'instaure entre clercs et laïcs. L'amour, c'est là qu'on le verrait. Dans le partage humble et loyal des charges de l'Église avec des laïcs, des femmes, en particulier.

7

La Bible, livre de vie

Si la parole cléricale échoue à rejoindre ses destinataires, si les sacrements ne sont plus un recours, que reste-t-il aux catholiques pour soutenir leur foi ? Il leur reste la Bible, mieux connue que jamais, et souvent mieux lue qu'hier, à condition que la vague fondamentaliste qui atteint actuellement le catholicisme ne fasse pas oublier l'esprit pour la lettre. Plus qu'auparavant, la Bible peut devenir une agora, un lieu de débat qui nourrit la vie spirituelle. J'ajoute même que non seulement les récentes découvertes archéologiques et le long mouvement exégétique qui s'est déployé depuis trois siècles apportent des informations de contexte et de rédaction, mais qu'ils sont des pièces du puzzle que nous avons à composer pour pouvoir lire la Bible avec les yeux de notre temps et faire germer une nouvelle spiritualité.

La Bible ne fait pas la morale, elle raconte

Un nombre assez important de catholiques s'inquiète de ce mouvement scientifique qui met du jeu dans les certitudes. Faute de pouvoir affronter de face la question, ils préfèrent se détourner d'un sol aussi mouvant, et ôter la Bible de leur paysage religieux, sauf à y chercher des prescriptions qu'ils risquent d'absolutiser, comme cela a été observé lors du débat sur le « mariage pour tous ». À ce moment-là, ont été, par exemple, invoqués des versets du livre du Lévitique dont l'Église, depuis Paul, a dit que ses dispositions n'étaient plus applicables. Pourtant, ce désintérêt est une perte, car la Bible nourrit la foi. Elle le fait en n'ayant recours ni à la loi (seule), ni au magique ou au merveilleux, mais en prenant pied dans l'ordinaire de la vie. En somme, elle prône une foi déjà sécularisée. Dans la Bible, le cléricalisme des prêtres, quand il existe, est soumis à la dénonciation vigoureuse des prophètes qui, avant l'heure, exercent une sorte de contre-pouvoir. Ils l'exercent d'ailleurs aussi envers les puissants, les usuriers et toute personne malhonnête. Ce combat grandiose et tragique – car les prophètes meurent lapidés – se déploie sur la scène ordinaire, peuplée de « laïcs » au sens général, des gens insérés dans le courant du monde, dont l'histoire est précieuse. Le philosophe Paul Ricœur, qui a travaillé sur la puissance du récit, a montré qu'une vie qui se raconte est l'assomption d'une existence. Le récit de nos vies est notre plus beau bagage. La Bible fait ce travail et porte devant Dieu la vie du peuple. Pour celui qui la lit, elle est le pilier sur lequel appuyer sa propre contribution. Là, il peut regarder sa vie et la porter devant Dieu. Ce va-et-vient constant entre la scène biblique et la vie du lecteur fait de la Bible un livre fondateur, au sens le plus fort du mot. Un livre de chevet, autant parce qu'il faudrait la lire et la relire tous les jours, que parce qu'il est à son chevet, pour l'assister dans sa vie spirituelle.

À la suite de l'apôtre Paul rappelant que « ce dont on se prévaut, je peux m'en prévaloir moi aussi[1] », je raconterai ici tout ce que la Bible m'a appris et je le mettrai au crédit de sa lecture. Pendant plus de douze ans, j'ai été l'animatrice de *Biblia*, un mensuel de lecture de la Bible publié aux Éditions du Cerf, qui a commenté un à un les 73 livres des deux Testaments. J'en étais la rédactrice en chef, un mot qui évoque une grande équipe et une forte autorité, mais nous n'étions que trois ou quatre, et nous avons mené l'aventure dans une excellente coopération.

Mon amour de l'Écriture ne date cependant pas de là. Dès que je l'ai découverte, au tout début de mes années de théologie, à Lyon, le coup de foudre a été immédiat. J'ai d'abord été séduite par le Premier Testament, pourtant considéré comme plus ingrat. Sans doute celui-ci m'offrait-il ce dont j'avais besoin, contempler la vie du peuple hébreu, qui me permettait de comprendre la mienne. Une vie sans éclat, loin d'une « épopée », une vie peuplée de quidams et de quelques héros, non exempts eux aussi de sérieux défauts. Les patriarches et leurs épouses, les matriarches, en particulier m'offraient d'intéressants cas cliniques, dont je me plaisais à faire des « cas spirituels ». Je découvrais que Dieu, au moment où il promettait un héritier à Abraham et à sa femme, changeait le nom de cette dernière, de « Saraï », qui veut dire « ma princesse », en « Sara[2] ». Façon de la rendre libre d'une tutelle maritale tout autant que de la honte de ne pas avoir d'enfant. Ainsi, Dieu libérait les êtres jusque dans des situations de ce genre. La souffrance devant la stérilité est même la première que Dieu exauce, avec Sara, précisément. Je voyais aussi Ève « acquérir un enfant de par Yahvé[3] », c'est-à-dire négliger son mari et ne vouloir tenir cet enfant que de Dieu seul. J'appris alors que la piété pouvait conduire à des fautes. Oublier le rôle d'un père pour élever un enfant en est une. Je découvrais, stupéfaite, que Rébecca « préférait Jacob[4] » à son frère jumeau Ésaü. Quoi d'étonnant à ce que les frères se soient querellés presque toute leur vie ? Mais le besoin intérieur de réconciliation éprouvé par Jacob a permis, longtemps après, de saines retrouvailles[5]. J'apprenais alors que Dieu travaille, certes, mais pas sans que l'être humain descende en ses propres profondeurs. Dieu a fait revenir Jacob, mais celui-ci a mis tout son cœur à l'ouvrage.

De tels exemples aident à comprendre que la Bible n'est pas un code de lois (même s'il en existe aussi). Elle ne juge pas, ne fait pas la morale, mais elle donne à lire. Et le peuple dont elle parle a la « nuque raide » et de nombreux défauts... Pourtant, Dieu le visite car il l'aime et il l'accueille tel qu'il est. Non pour ses mérites, qu'il n'a d'ailleurs pas, étant « le plus petit des peuples de la terre », mais par pure libéralité. Souvent j'ai vérifié pour moi-même et autour de moi combien il était difficile d'accepter les bonnes choses de la vie, la douceur, la gratuité, le « sans pourquoi » du don, le bonheur. Et j'ai aussi souvent constaté la prégnance dans nos esprits d'une image terrifiante de Dieu : brutal, aveugle, vengeur, qui empêche de vivre... Ce n'est pas ce que dit la Bible. Elle dit que Dieu aime son peuple, qu'il ne demande pas à son peuple la perfection, mais la sainteté, afin qu'il devienne à son image, saint[6]. Il n'est pas ce Dieu inquisiteur dont Caïn se construit l'image dans le poème de Victor Hugo. Rien de tel dans le récit de la Genèse où il est question de Caïn[7] : Dieu lui-même le protège de ses ennemis et ce dernier, devenu forgeron, fonde une ville. De culpabilité, il n'est pas question. Une simple observation en fin de récit souligne que la violence originaire d'une lignée imprime sa marque aux générations suivantes. La Bible constate, elle ne culpabilise pas.

Un récit de libération

Le grand livre de mon apprentissage fut et demeure le livre de l'Exode. Le plus prodigieux itinéraire spirituel que je connaisse. Raconter une servitude… puis une libération… La polysémie des images – les eaux, le désert, le rocher, le serpent – m'éblouit. Les eaux du fleuve à traverser sont aussi celles de la matrice originelle dont il faut se défaire, non pas une seule fois, mais quantité d'autres fois, jusqu'à devenir adulte et plus libre. Et ces eaux sont celles de toute épreuve dans laquelle on risque de se noyer, en « étouffant », c'est-à-dire en perdant le souffle qui fait vivre. La servitude ne se dissipe pas en un seul instant : avant même de mettre le pied dans la mer, le peuple va devoir se libérer de sa peur et faire l'apprentissage de la confiance en Moïse. Puis, au désert, là où la solitude oppresse, lieu de l'épreuve, mais aussi de la rencontre avec Dieu, il endurera la faim, la soif, la précarité de la vie, le sentiment d'abandon, la tentation idolâtrique, en adorant le Veau d'or, tout ce que la moindre de nos vies connaît… Encore animé de sentiments infantiles, il voudra mettre Dieu à l'épreuve ; puis il le rencontrera et en aura peur. Le bonheur fait si peur ! Au Sinaï, Dieu lui donnera la Loi qui permet de vivre ensemble sans s'entre-déchirer. Enfin, il se laissera conduire par la Nuée où Dieu se rend présent, et n'entrera pas en Terre promise… C'est rude, c'est beau, c'est vivant.

Dans le chemin suivi par le peuple hébreu, je trouve ce qui pour moi fonde le christianisme : une proposition anthropologique. L'être humain est un être libéré. Libéré pour « aimer Dieu de tout son cœur, de toute son âme, de tout son pouvoir[8] ». Il est marqué par l'ambivalence, mais discerner le bien du mal n'est pas toujours possible et ne doit pas compromettre la croissance[9]. Et surtout, dans son génome spirituel, est inscrit qu'il est appelé à passer outre sa propre personne : « L'homme ne vit pas seulement de pain[10] », et « Ton Père, qui est là, dans le secret[11] ». « Passer outre » invite à la reconnaissance de plus grand que soi, et d'un « ailleurs » sur lequel nous n'avons pas de prise. Notre époque, attachée à ce qui se voit, ne se tourne pas volontiers vers ce dont elle ne peut rien dire. Pas vu, pas dit. En revanche, le dépassement de ses propres limites est un sujet qui mobilise beaucoup. Les exemples ne manquent pas, comme l'expérience sportive de l'extrême attestée par la multiplication des propositions de trails et de compétitions. À preuve, aussi, le succès du terme d'*ironman*, « l'homme de fer » qui désigne à la fois la plus difficile des compétitions – un triathlon entre natation, cyclisme et marathon – et un type d'homme, mythique modèle.

À preuve, encore, la pratique du dopage, qui demande toujours plus au corps parce que l'opinion attend ce dépassement infini : aller au bout du possible, ne jamais se satisfaire d'une limite. L'autre exemple est celui de l'observation de l'invisible caché dans la nature, en particulier les animaux sauvages. Ainsi, Sylvain Tesson part au Tibet à la recherche des dernières panthères des neiges. « Les bêtes étaient passionnantes parce qu'invisibles[12] », dit-il. Loin de moi l'envie de mépriser ces deux quêtes ; elles ont leur justification sans autre caution. Mais elles sont des ersatz de la quête biblique. Celle-ci a une autre ampleur : elle vise ce qui est et demeure foncièrement inaccessible, appelé Dieu. « Tout près de toi[13] », dit le Deutéronome, mais « l'homme ne peut me voir et vivre[14] », souligne le livre de l'Exode. Toujours, Dieu est le sujet de la quête. « Que cherchez-vous[15] ? » demande Jésus aux deux premiers disciples. Cet homme aimanté, mû par ce qui le dépasse, heureux d'être dépassé, c'est l'être humain – ou la collectivité – selon la Bible. C'est ce que faisait remarquer Paul Ricœur. Pour lui, une civilisation ne se sait telle que dépassée. Ni l'être humain ni une société ne sont à eux-mêmes leur propre fin.

Ma joie de fréquenter la Bible s'est poursuivie dans des groupes bibliques que j'ai animés, parfois sur le terrain, en Israël et au Sinaï en particulier. Certains se plaignent de ce que travailler la Bible soit déroutant, presque décourageant quand on s'y lance seul. Et souvent, ils renoncent. C'est pourquoi le Juif qui travaille le Talmud (ensemble des prescriptions orales adoptées comme lois et mises par écrit entre le IIe et le IVe siècle) ne doit jamais être seul. Non seulement pour que l'un aide l'autre, mais parce qu'ils acceptent ainsi le risque de deux interprétations différentes. Car il y a une grâce de la mise en commun d'une lecture biblique. Les autres vous instruisent par leurs observations, qui sont autant de découvertes. Et, ô surprise, vous faites souvent vôtres ce qu'ils rapportent. En outre, selon le propos riche d'expérience du pape Grégoire le Grand (540-604), « la Bible avance avec ceux qui la lisent ». Ce propos se comprend de deux manières. D'abord, nous ne la lisons pas aujourd'hui comme l'ont lue nos ancêtres. Les cultures changent, les inflexions de lecture aussi. Cette simple observation est dérangeante pour certains, qui aimeraient n'avoir qu'une interprétation et une seule afin de prendre appui sur un sol ferme. Si c'était le cas, la parole biblique n'aurait plus de fondement humain, mais serait un simple code de prescriptions. Ensuite, la Bible avance avec nous dans la mesure où nous nous y exposons. Parce qu'alors, c'est nous-mêmes qui changeons. Cette seconde ouverture est particulièrement riche et elle rend l'actualité de la Bible intemporelle, presque infinie, liée quasi exclusivement à l'implication de ses lecteurs. Si la Bible n'était qu'un témoin culturel, elle garderait une aura prestigieuse, mais elle ne serait plus un livre de vie.

Par ailleurs, il est assez étonnant de voir que le magistère, dont j'ai plusieurs fois souligné la directivité, n'a jamais fermé le cercle des interprétations bibliques. Toutes sont accueillies, parfois contredites, assez rarement, mais jamais interdites. Plus encore, un important document magistériel de 1994 ouvre la porte à des grandes familles d'interprétations[16]. En particulier, il distingue différents genres littéraires dans la Bible. Cette clé de lecture essentielle permet d'éviter les contresens sur des textes. Ainsi, le grand récit de la création du monde[17], par sa structure, par son vocabulaire, par l'imprécision de certains termes, a les caractéristiques du poème. Le prendre pour une relation de type scientifique serait un non-sens.

Ce qu'il ne faut pas attendre de la Bible

En faculté de théologie, puis au cours de mes années *Biblia*, je me suis posé les questions que nous rencontrons tous devant un texte dont le grand âge explique qu'il ne rejoigne pas spontanément nos conceptions de l'histoire et de la vérité. Mais la qualité de la lecture s'accroît si l'on se défait de certaines certitudes, qui bien souvent n'ont pas la patine des ans, mais s'imposent avec l'air du temps. Ainsi, pour comprendre le rapport à l'histoire des Anciens, il est préférable d'admettre que, pour eux, la chronique scrupuleuse des faits n'offre pas grand intérêt. En revanche, comme l'écrit est rare, et onéreux, il doit servir l'essentiel : apprendre à vivre ensemble. À cette fin, les scribes édifient les piliers d'une vie commune. Pour transcrire par écrit la Loi reçue au Sinaï, les divers codes de la vie commune, les prescriptions rituelles, les prières de la liturgie, ils usent volontiers du papyrus et du calame. Ils donnent aussi une part importante au récit, car le récit est le lieu majeur de l'édification de soi et du groupe. Par lui, le peuple forge son identité, devant Dieu et avec lui. Le souci majeur des rédacteurs est l'édification du peuple, afin qu'il conduise sa vie sous le regard de Dieu. L'écrit est au service de ce projet.

Pour les lecteurs qui reçoivent un texte apparemment unifié, et aussi pour le spécialiste de la critique textuelle dont c'est le métier, s'impose un travail, important et fondateur, de distinction entre l'événement et sa rédaction. Cette dernière se trouve parfois à des siècles de distance de l'événement qu'elle relate. L'histoire d'Abraham, par exemple, a été écrite au retour de l'exil à Babylone, vers 400 avant Jésus-Christ. Pourtant elle est destinée à faire d'Abraham l'ancêtre du peuple[18]. De même, peut-être, pour Moïse, dont il fallait faire le père fondateur du judaïsme, mais dont le récit est à grande distance de l'événement supposé.

La question se complique quand on sait que la rédaction d'un livre ne s'est pas faite en une seule fois. Des versets, parfois des chapitres ont été ajoutés sur un texte plus ancien. Comment les considérer ? En ne tenant compte que des versions anciennes ? Ou des plus récentes ? Lesquelles seraient ou ne seraient pas inspirées ? S'impose d'abord une réponse d'évidence : le texte canonique est celui qui nous est parvenu dans les versions anciennes qui ont conduit à l'établissement de la Vulgate, au IVe siècle, devenue version officielle de l'Église. Il n'y a donc pas lieu de lui retrancher quoi que ce soit, ne serait-ce que par fidélité à l'histoire. Mais garder ne dit rien de l'usage. Un historien cherchera trace d'un événement qui a vraiment eu lieu ; un exégète de type historico-critique analysera le contexte rédactionnel ; un narratologue prendra le texte tel que reçu, pour en faire une analyse littéraire ou spirituelle. Enfin, l'existence de traductions anciennes ajoute à la complexité. L'exemple majeur est celui, au IIIe siècle avant Jésus-Christ, de la Bible grecque, dite « des Septante » parce qu'une légende racontait qu'elle fut traduite depuis l'hébreu par soixante-dix sages. Quand on sait que la Bible grecque a été la Bible de référence des évangélistes, on mesure l'importance de la question. Tout professionnel de la Bible doit garder un œil sur chacune... Et même, il lui faudrait, comme les Quatre Vivants de l'Apocalypse, « être constellé d'yeux tout autour et en dedans[19] », tant il y a de versions partielles ! Mais ce constat n'a pas les mêmes conséquences pour tous. Pour le spécialiste, il complexifie son travail. Pour le lecteur, il impose une souplesse d'esprit particulière : il lui faut accepter qu'il n'y ait pas de texte « original », pas de source unique. Ses yeux à lui doivent accommoder pour admettre la pluralité des sources. Et remettre en cause le rêve qu'il se faisait peut-être d'un texte immobile, asservi au service de la preuve. Mais la Bible n'est pas faite de pierre.

Lorsqu'ils découvrent les acquis de ce qu'on appelle la critique biblique, et même lorsqu'ils les acceptent, nombre de catholiques ressentent ce décalage entre les faits et leur rédaction comme une faille dans la solidité de la Bible, d'autant plus qu'une autre déception s'y est ajoutée dans les récentes décennies, celle du concordisme archéologique. Étant donné que la Bible est le plus précieux informateur dont disposent les historiens sur les deux millénaires précédant l'ère chrétienne, les archéologues, les historiens et nombre de chrétiens espéraient prouver l'historicité de certains événements bibliques par les découvertes archéologiques. Or, même si des concordances importantes ont été avérées, on n'a pas pu prouver certains faits pourtant décrits par la Bible, tandis qu'on a découvert de grandes villes que la Bible ignore. Il en est de même pour certains grands personnages de la Bible, dont l'archéologie ne trouve pas ou peu de traces. Deux archéologues israéliens, David Finkelstein et Neil Asher Silberman, ont fait vaciller des certitudes au sujet de l'historicité de David et de Salomon – malgré une stèle mentionnant le nom de David qui venait d'être découverte à Tel Dan, dix ans avant la parution de leurs thèses[20]. Si la stèle authentifie l'existence de la « maison de David », elle reste une maigre et unique source sur ce roi, dérisoire devant la masse des récits bibliques le concernant, et surtout fragile en regard de la prétention hégémonique qui s'est fondée sur la description d'un royaume de très grande superficie. Le lecteur de la Bible, juif ou chrétien, d'ailleurs, doit accepter de faire un deuil préalable, car la visée biblique n'est pas historienne, au sens moderne du terme. Elle est d'édifier le croyant. Aussi, sous l'effet de ces deux déceptions, celle de la critique textuelle comme celle de l'archéologie, le sol vient à manquer sous les pieds de certains. Quel est le bon texte ? Quel est le texte authentique, le vrai ?

Ce désarroi peut se dépasser, de multiples manières. Tout d'abord, si la Bible est la Parole de Dieu, elle est aussi une parole d'hommes. Quand je lis : « Dieu dit », je ne dois jamais oublier que ce sont des hommes qui font parler Dieu. Par ailleurs, l'écriture du texte est faillible, des mots manquent, des phrases ne sont pas finies. Ensuite, il existe un principe, déjà fort ancien, appelé « l'analogie de la foi », qui consiste à se recentrer sur le message central de la Bible en mettant différents textes en correspondance. Lorsqu'on lit ceci : « Pendant l'instruction, la femme doit garder le silence, en toute soumission. Je ne permets pas à la femme d'enseigner ni de faire la loi à l'homme[21] », peut-on, aujourd'hui, accepter un tel discours ? Selon le principe de l'analogie de la foi, il ressort que les femmes sont aimées de Dieu sans distinction de sexe. Que ce verset a été rédigé dans des contextes culturels où la femme était en situation de soumission. Qu'il n'en est plus ainsi dans les pays marqués par le christianisme. Conclusion : ce verset reste dans la Bible, mais il ne devrait plus être utilisé. Cet exemple fait aussi appel à un autre correctif essentiel, celui de l'évolution des contextes culturels, qui touche des pans entiers de livres bibliques. Plus que jamais, il faut en rechercher l'esprit plus que la lettre, ce qui ne veut pas dire que la lettre soit inutile ; mais elle doit être spirituellement interprétée.

Comme une mère, la Bible nous enfante

Il serait dommage de ne pas réussir à surmonter ces difficultés car derrière elles se cache un trésor. Lequel ? Déjà, il a été évoqué : Dieu aime. Sur le ton du murmure amoureux – « Je te menais avec des liens d'amour[22] » –, sur celui de la plainte – « Ô mon peuple, que t'ai-je fait[23] ? » –, sur celui du dépit jaloux – « Je n'ai connu que vous de toutes les familles de la terre, c'est pourquoi je vous châtierai pour toutes vos fautes[24] »... En d'autres termes encore, la Bible donne à voir cet amour : Israël, sans l'avoir mérité, est choisi par un Dieu qui fait alliance avec lui et lui sera toujours fidèle. Voilà les réponses simples, éternelles, puissantes, que l'évangéliste Jean résume et déplie de toute sa foi : « Bien-aimés, aimons-nous les uns les autres, car Dieu est amour[25]. » Quel est cet amour ? Suffit-il d'en parler pour que tout soit dit ? Ni le bien-être matériel d'alors, précaire, ni la sécurité des vies et des biens, inexistante, n'en témoigneront. Pour un chrétien, l'amour vient de la vie donnée par Jésus sur la croix, et il a été exaucé par sa Résurrection. Il reste qu'Israël aussi, avant la venue de Jésus, affirme et éprouve l'amour de Dieu. D'où le tient-il ? De son expérience ? De celle des prophètes ? De celle de Moïse ? Mais si la vie de Moïse est une création littéraire, d'où vient la révélation au Sinaï, et celle de l'Horeb où Élie entendit le fin silence[26] ?

C'est là que les leçons des découvertes archéologiques et exégétiques doivent être spirituellement interprétées. De deux manières. Elles posent la question de savoir quelles expériences spirituelles ont bien pu servir de modèles à l'écriture de celle de Moïse sur la montagne fumante. Celle d'un scribe inspiré ? Celle de beaucoup de scribes inspirés ? Celle du peuple assemblé ? Si oui, car on ne peut imaginer d'autre hypothèse, cela tendrait à prouver que la révélation de Moïse, réécrite longtemps après et inspirée d'expériences bien postérieures, est soustraite à un temps précis pour être offerte à un autre temps, donc à tous les temps, et que si elle est dés-attribuée à un être humain précis, c'est pour être offerte à tous les autres. Si elle a été donnée hier, elle l'est encore aujourd'hui à qui veut bien s'y exposer. Chaque croyant monte au Sinaï. C'est du haut de la montagne, gravie à chaque expérience de Dieu, que se prononce le mot « amour ». L'amour continue à se dire et ceux qui en témoignent le certifient. Ainsi, la révélation continue, déployée dans la chaîne des générations. Elle devient la « révélation continuée », une infinie séquence dans laquelle s'inscrivent toutes les expériences personnelles de révélation de l'amour de Dieu. Bien entendu, cette révélation continuée est subordonnée à la responsabilité éthique qu'elle contient. L'amour de Dieu prend corps dans les actes. « Celui qui n'aime pas son frère qu'il voit ne saurait aimer le Dieu qu'il ne voit pas[27]. »

Par ailleurs, ces nouveaux acquis scientifiques permettent de détourner les croyants d'une crispation stérile sur la preuve. En barrant même ce chemin, ils délivrent une leçon spirituelle. Comme l'ange au pied du tombeau, ils disent : ne cherchez pas la preuve de l'amour dans le passé, mais allez dans vos Galilées, c'est-à-dire dans vos vies actuelles, pour la trouver. Le croyant est toujours renvoyé à son corps, à son esprit, à son expérience. On n'apprend pas l'amour dans les livres. Par ces paroles, nous sommes boutés hors d'une fixation sur le passé, en tout cas hors d'une histoire qui nous dispenserait d'une expérience personnelle de l'amour. Et nous sommes ainsi amenés à découvrir que *nous sommes l'histoire d'Israël.* Tout croyant prolonge l'histoire d'Israël. Non seulement de manière symbolique, mais organiquement. Affirmation audacieuse, qui nous projette ici et maintenant, pour continuer à accomplir cette histoire d'amour. L'histoire du peuple juif, puisqu'elle est à la fois vécue et offerte dans un récit, est donc une matrice. Comme une mère, elle enfante. Tel est, selon moi, le message spirituel que livrent les rédacteurs bibliques aux croyants pour qu'ils l'honorent et, ainsi, en vivent. Et je me demande même si les Juifs rédacteurs n'en avaient pas une conscience assez claire. Pourquoi n'auraient-ils pas réfléchi sur leur pratique rédactionnelle ? Genèse, Exode, Deutéronome et autres peuvent être reçus comme des *midrashim*, ce genre littéraire propre à Israël, qui pose des vérités universelles, durables donc, sous une forme imagée et narrative.

Toutes ces conjectures que je livre ici en m'effrayant presque de leur audace, je les crois fécondes pour justifier la tâche centrale de l'évêque : dire que Dieu aime. Afin de ne pas le dire à la légère, comme tant de paroles convenues, ou de se contenter d'éluder les avancées des sciences humaines, l'évêque doit mettre en place bien plus de groupes bibliques qu'il n'y en a actuellement. Ces groupes doivent être aimantés par la question de l'expérience d'Israël, celle d'hier et celle qui se revit aujourd'hui avec eux. La place d'accompagnateurs spirituels est aussi à installer dans le paysage diocésain, afin, en priorité, d'aider à la question du sens de la vie. Jusque-là, une sorte de partage s'était installé, laissant aux communautés religieuses d'un diocèse le soin de l'accompagnement. Si c'est sans doute très bien ainsi, cela doit cependant devenir une priorité majeure pour l'évêque, car la société en quête de sens demande de façon criante à être aidée. Lecture de la Bible et accompagnement spirituel sont tout naturellement le support d'une réflexion plus globale, d'orientation anthropologique. Dans ces pages, celle-ci a déjà été évoquée : qu'est-ce que l'être humain selon les deux Testaments ? Pour que l'évêque honore cette mission d'accompagnement à la lecture biblique, si prioritaire, il faut bien sûr que lui-même soit intensément habité par cette urgence, qu'elle le presse et qu'il se réjouisse de la livrer à autrui.

8

Laisser les femmes des Évangiles parler de Résurrection

Dans une session récente consacrée à la prédication, à laquelle j'étais associée, l'exercice demandé était de construire une saynète sur la visite des femmes au tombeau, avec comme thème de fond la Résurrection. Marc en propose deux versions[1]. Dans la première, les femmes, à la parole de l'ange qui leur annonce que le Crucifié est ressuscité, s'enfuient, tremblantes et hors d'elles-mêmes. Elles ont peur et ne disent rien à personne. Dans la seconde, l'une d'entre elles, Marie de Magdala, va annoncer aux disciples : « Il vit et je l'ai vu. » Mais… personne ne la croit. Quel embarras dans ces deux récits ! Tous les participants de la session ont choisi la deuxième version. Mais ils ont tous surjoué la scène : paraphrase, enthousiasme débordant, voix haut perchée, timbre haletant… Est-ce suffisant ?

Comment dire la Résurrection ? Je me pose la question à moi-même et j'avoue mon trouble. J'écoute la première version, celle de la peur. La stupeur des femmes est si compréhensible… Même les mots de l'ange : « Ne vous effrayez pas » ne les rassurent pas. Et quand il leur demande « d'aller dire », elles n'y arrivent pas, « car elles ont peur ». La difficulté de ces femmes me semble être que, n'ayant pas vu le ressuscité, elles ne peuvent donner à voir. N'ayant pas expérimenté, ou pas assez, elles ne peuvent inviter à expérimenter. Quelque chose « ne passe pas ». Preuve que la Résurrection, sans expérience, ne peut se dire. Mais la dire reste difficile. Ces femmes étaient avec Jésus depuis le début de sa vie publique. Cela n'a pas suffi à dissiper leur peur.

Tous ces mots pour dire Jésus ressuscité

Continuons à questionner ces femmes du matin de Pâques, chez Jean, cette fois. Après que Marie de Magdala a reconnu le ressuscité[2], celui-ci l'envoie porter un message « aux frères ». Alors « Marie va annoncer aux disciples : "J'ai vu le Seigneur" et qu'il lui a dit cela ». Une des informations de cette phrase, rarement mise en valeur malgré de nombreux commentaires, est que nous ne savons pas ce que Marie leur a dit. Annoncer la Bonne Nouvelle de la Résurrection n'a donc pas un contenu fixe, ni immuable. « Cela dépend. » De quoi ? Des interlocuteurs, des temps et des lieux... Pour la dire, il faut d'abord aller puiser son souffle au fond de soi-même, comme le font les chanteurs. Si j'en reviens à l'évêque, qui doit être totalement investi dans cette tâche, cela signifie qu'il a droit à ses mots, à ses moments, à ses pentes. L'essentiel est que « quelque chose passe ». En somme, il doit partir d'une expérience vécue. Non pour l'exhiber en se regardant lui-même, mais pour dire une Bonne Nouvelle. Ce mot qui a tellement servi à de creux discours qu'il s'est usé… Pour en retrouver la force, le meilleur chemin est de s'ancrer dans sa propre vie, là où les vraies bonnes nouvelles arrivent de temps en temps ; une rencontre qui fait croire en l'amour, la sortie d'une maladie grave, la fin d'un chômage. Mais dans les Évangiles – quel comble ! –, le contenu de la Bonne Nouvelle est devenu aujourd'hui presque insaisissable. Pourtant, les évangélistes, ces annonceurs de Bonne Nouvelle puisque le mot « évangile » signifie « bonne nouvelle », avaient bien fait leur travail. Avec des mots très divers – « Salut », « pardon des péchés », « événement de la venue de Jésus », « Parole », « Verbe », « Jésus-Christ », « Royaume de Dieu » –, ils avaient toujours comme but de désigner Jésus ressuscité. La Bonne Nouvelle, en somme, c'est de vivre de ce capital de bonheur, fait d'espérance, d'amour et de confiance qu'offre la Résurrection.

La question se prolonge. Qu'est-ce alors que la Résurrection ? Un jour, j'eus la méchante idée de mesurer en centimètres la hauteur d'un imposant ouvrage que je voyais perché tout en haut de ma bibliothèque. Les traités encyclopédiques sont pourtant indispensables et respectables. Mais l'ouvrage portait sur la Résurrection, centre du message chrétien, à propos duquel je vérifie année après année la somme de quiproquos, de brumes indémêlables, de récurrentes incompréhensions qu'il suscite, et dont je ne sais que trop à quelles questions difficiles il confronte non seulement les chrétiens mais l'être humain en général. Pour s'en tenir au seul christianisme, les questions sont légion. Qu'est-ce qui ressuscite ? Le corps ? l'âme ? Dans quelle catégorie faut-il ranger les récits d'apparition qui en traitent ? Sont-ils des cours de sciences de la vie et de la terre ? Des relations historiques ? Ou des *midrashim* ? Sommes-nous encore soumis aux résidus de la vague rationaliste qui a saisi le christianisme depuis la seconde moitié du XIXe siècle ? Quant à la polysémie du mot « ressusciter », inventé pour traduire plusieurs verbes et plusieurs notions : éveiller, relever, exalter…, elle complique encore la donne. Et après tout, faut-il vouloir tout expliquer ? La Résurrection est peut-être le champ de Dieu qu'il faudrait préserver de la marque de nos pas. Mais n'est-ce pas déjà une reculade de poser cette question ?

Aimer, c'est déjà ressusciter

À la suite de tant d'autres et une fois encore, entrons dans ce questionnement, mais en le limitant à un seul de ses aspects, qui semble proche de ce qu'ont vécu les femmes au matin de Pâques : qu'est-ce qu'une expérience de résurrection ? Pour y répondre, il ne suffit pas d'interroger les femmes, il faut refaire avec elles tout leur parcours à la suite de Jésus, depuis le moment où elles l'ont rencontré, et l'ont suivi, écouté et assisté de leurs biens. Par Jésus, elles ont été guéries de leurs maux, et jamais elles ne l'ont quitté jusqu'à sa mort. Cette fidélité leur a permis d'être des témoins ; c'est elle qui ajoute sa force à leurs réponses. Tout s'y donne à lire. En effet, je pose comme hypothèse initiale que les auteurs du Nouveau Testament livrent toutes les clés pour vivre de la Résurrection. Il suffit de chercher les indices qu'ils ont semés dans leurs propos et d'approfondir son regard. Très clairement, ils écartent certaines fausses pistes. Pas question, pour eux, de comparer la Résurrection à une exploration de l'invisible, de ce qui est au-delà de la nature, ou de l'extraordinaire, comme sauter du pinacle du Temple, tentation du diable à laquelle Jésus a résisté[3], ni de croire que les cadavres reprendront chair, ce qu'ils ne disent jamais. Mais ils affirment sans détour que la vie éternelle, la vie de ressuscité est de croire en l'indestructibilité de l'amour. « L'amour ne passera jamais[4] », dit Paul. Où trouver les signes de cet amour, sinon dans l'événement central des Évangiles, le premier à avoir été mis par écrit, le mystère pascal, terme qui englobe la Passion et la Résurrection ? Car si le mystère pascal est double, il est bien d'un seul tenant. Mort et Résurrection : jamais l'une sans l'autre ; une tension structurelle existe entre les deux.

Notre petite enquête nous projette alors vers une sorte d'évidence, dénuée de tout sensationnel, parfois difficile à accepter, tant sa simplicité déroute. C'est dans la vie donnée sur la croix par Jésus, dans l'amour donc, que s'origine sa Résurrection. Jésus est vivant pour toujours *parce qu*'il a aimé à en mourir. Ou, dit autrement, l'amour porte en lui promesse de résurrection. Lorsque Jean, sur le tard de sa vie, livre le fruit de sa longue rumination intérieure, qui a traversé le feu de l'expérience, en disant : « Nous savons, nous, que nous sommes passés de la mort à la vie, car nous aimons nos frères. Celui qui n'aime pas demeure dans la mort[5] », il pose clairement l'équivalence de ces deux termes : « vivre pour toujours » et « aimer comme Jésus a aimé, à en mourir ». J'en déduis que « résurrection » et « amour » sont synonymes et je me propose d'employer indifféremment l'un ou l'autre terme. Nous ne nous tromperons pas. La résurrection, c'est d'aimer. Que met-on derrière ce mot, si focalisé aujourd'hui sur l'expérience sexuelle, si travesti par le discours publicitaire qu'il en perd presque sa richesse ? La réponse est dans la vie de Jésus, tout entier offert aux personnes qu'il rencontre. Disponible, libéré de ses propres entraves, bienveillant au sens fort du terme, c'est-à-dire capable de dire et de faire le bien pour autrui, quel qu'il soit. Toute expérience de cet amour est déjà une expérience de résurrection. Telle est la certitude majeure acquise par les femmes.

Pour qu'un diocèse soit stimulé par les expériences d'amour vécues, il faudrait d'abord que la place donnée à la Résurrection dans la prédication de l'Église soit plus importante. Il a souvent été remarqué que l'Église orthodoxe prêchait et vivait liturgiquement de la Résurrection, tandis que l'Église d'Occident s'attachait à la Passion et à une liturgie sacrificielle. Pourquoi ne pas faire mentir ces propos ? Aucune raison valable n'existe. D'autre part, trop peu de prêtres et d'évêques s'appuient autant qu'ils le pourraient sur les grandes figures féminines des Évangiles. Aimantés par les personnages masculins, les clercs les ont, dans le passé, négligées. Non seulement ils ont eu tendance à voir en presque toutes des femmes de mauvaise vie, mais ils ont souvent amputé les autres d'une part importante d'elles-mêmes. Ainsi, il vaut la peine de rapporter ce que l'Église a fait d'une femme appelée par les commentateurs « Marie de l'onction », anonymement présente chez Matthieu et

Marc, et nommée Marie chez Jean, en tension avec sa sœur Marthe[6]. Au seuil de la Passion, elle a répandu sur les pieds de Jésus un parfum de grand prix. Et Jésus a demandé que « partout où sera proclamé cet Évangile, dans le monde entier, on redira aussi, à sa mémoire, ce qu'elle vient de faire[7] ». Qu'en a fait l'Église ? Rien. Cette Marie prenait soin d'un corps promis à la mort, mais j'observe qu'elle accomplit sur un vivant un geste réservé d'habitude aux morts. Cette anticipation n'est-elle pas l'annonce que le corps du mort allait lui échapper ? N'annonce-t-elle pas la Résurrection ? Ce geste lié à la vie retrouvée, à l'amour éprouvé, n'aurait-il pu trouver sa place dans la liturgie chrétienne ?

De fait, bien plus que les figures masculines, les femmes annoncent d'abord et surtout une Bonne Nouvelle qu'elles portent au fond de leur cœur. Elles sont le continent encore trop peu exploré des Évangiles. Je pourrais éclairer les figures de plusieurs d'entre elles, en particulier de la Samaritaine, de Marie Madeleine, de Marthe[8], pour le montrer, mais je me limiterai ici à Marie, la plus éminente de ces femmes, puisqu'elle porte la Bonne Nouvelle dans son corps. Pourtant, le sort qui lui a été réservé jusqu'à maintenant par les clercs, maîtres de la parole publique, est étrange. Voulant la magnifier, ils l'ont atrophiée. Ils ont projeté sur elle le modèle maternel de la société patriarcale, qui donnait des normes précises à l'être femme. Ce faisant, ils ont modelé une autre Marie, la leur, en surlignant certains de ses traits et en en gommant d'autres. D'elle, ils ont surtout voulu conserver deux informations : elle « gardait toutes ces choses dans son cœur[9] » et elle a dit oui à l'ange[10]. Mais méditer ne veut pas dire se taire, pas plus que dire oui n'interdit de savoir parfois dire non. Or par leur entremise, Marie est devenue une femme discrète, effacée, le parangon du silence. Un silence bien utile, car il permet de sortir Marie du champ public et de la ramener sur l'arrière-scène, celle de l'intime. On retrouve ici l'opposition propre aux sociétés patriarcales entre une sphère publique réservée aux hommes, et une sphère privée attribuée aux femmes. Dans le cas de Marie, le détournement fait oublier la virulence des propos du Magnificat, chant de louange qui remercie Dieu d'avoir « renversé les potentats de leur trône et élevé les humbles[11] ». Mais cet hommage à l'œuvre de Dieu n'est guère devenu un slogan ni un maître mot de la catéchèse. Preuve que l'annonce faite par des clercs a été sélective, et que tous en ont pâti.

Beaucoup des messages de Marie sont encore trop peu offerts, à la fois dans le débat et dans la vie spirituelle. Tout d'abord, si l'Église n'avait pas subi un retour en arrière intellectuel au cours des quarante dernières années, elle n'aurait pas laissé penser que la figure de Marie était un modèle pour les seules femmes, alors qu'en réalité, elle l'est pour tous les croyants. Ainsi, Jean-Paul II soutient que Marie « réalise la plénitude de la perfection de "ce qui est caractéristique de la femme", de "ce qui est féminin". Nous nous trouvons ici, en un sens, au point central, à l'archétype de la dignité personnelle de la femme[12] ». À l'opposé, Paul VI avait affirmé : « [Marie] offre un modèle achevé du disciple du Seigneur[13]. » Ce clivage entre des figures évangéliques masculines pour les hommes et des figures féminines pour les femmes est un appauvrissement peu compréhensible, profondément infidèle à ce que l'on sait de la rédaction des Évangiles. Sa seule justification est tardive : elle nourrit le différentialisme romain envers les femmes, donc préserve la masculinité du prêtre. En réalité, chaque croyant apprend de Marie un message central pour sa foi : il doit devenir celui qui accueille en lui le Seigneur. Peut-on penser que les rédacteurs des Évangiles soient assez inconséquents pour donner aux femmes un modèle de vierge-mère rigoureusement impossible à réaliser ? C'est, au sens propre du terme, les exposer à devenir folles. Comprenons donc que cette histoire est à lire de façon métaphorique, ou mieux, midrashique.

Portrait d'Israël en jeune fille

Dans le récit de l'Annonciation, Luc, peintre de la Vierge, construit, avec les principes de la spiritualité juive incarnée par les prophètes, le portrait d'Israël[14]. Ainsi il pourra dire à ses lecteurs immédiats, tous enfants d'Israël, comment reconnaître en Jésus l'accomplissement des promesses jadis faites à Israël. Marie est cette figure qui peut incarner un peuple docile à la volonté de Dieu. Comme, selon la typologie des prophètes, Dieu est en position masculine, le peuple est en position féminine ; Israël, donc, est d'un genre féminin. Mais personne, dans le monde juif, n'est dupe. Marie offre sa vie en modèle à tous, hommes et femmes, afin qu'ils puissent s'exposer eux-mêmes à vivre comme elle, dans l'accueil, la disponibilité, la quête de Dieu. Afin d'oser « enfanter le ressuscité », sans grossesse ni ange Gabriel. Afin de le laisser d'abord mûrir en soi, puis de le faire advenir au monde, et de lui donner une consistance et une visibilité tangibles. Et par extension, ce même processus s'appliquera pour accompagner autrui.

L'autre originalité de Marie est qu'elle est prophétesse. Comme les prophètes sur lesquels « fond l'Esprit[15] », Marie est placée sous son ombre[16]. Ce rôle est rarement souligné car il y a fort peu de temps que les commentateurs catholiques se sont rendu compte que le mot « prophète » avait un féminin. De cette irruption de l'Esprit, la petite jeune fille d'Israël, désormais tout enveloppée de son souffle, est la bénéficiaire. Elle qui est sous la fortune divine peut à la fois s'émerveiller et, en bonne lectrice des Écritures, trouver tout à fait normal d'être une prophétesse, comme chacun dans le peuple juif pouvait y être appelé, selon la parole d'un prophète tardif, Joël : « Vos fils et vos filles prophétiseront[17]. » C'est dans la longue scansion du Magnificat que ceci se vérifie. Le texte surprend par sa virulence. Comment Luc peut-il oser mettre des paroles aussi radicales, aussi proches du pamphlet politique, dans la bouche d'une jeune fille enceinte, qu'on imaginerait toute de pacifisme et de retenue ? Le moins qu'on puisse dire est qu'il ne s'attache pas aux critères de genre ! Observons d'abord que ce texte est un centon, c'est-à-dire qu'il est tout entier composé de citations des Écritures. Ces différents indices attestent qu'on est loin d'une « affaire de femmes », d'une banale question gynécologique. Si j'osais faire résonner ensemble des concepts éloignés dans le temps, je dirais que le Magnificat est le discours de politique générale de la Mère de

Dieu. Au nom de son fils, comme si elle en assumait, pour l'heure, une sorte de régence, Marie donne son programme. Elle exalte l'humilité et la préférence de Dieu pour les petits, les humbles, tous les « pauvres du Seigneur » que les siècles précédents ont magnifiés par la bouche des derniers prophètes[18]. Manière très claire de dire que Jésus sera du côté des humbles et des petits. Et de fait, Jésus instaurera une royauté subversive vis-à-vis des puissants de la terre. Son action publique la mettra en valeur, sa Passion en sera la démonstration absolue. On est donc en droit de faire de ce texte une lecture purement spirituelle, celle d'une œuvre déjà accomplie par le Seigneur. Mais si celle-ci est déjà accomplie, elle doit se voir dans le monde. Suivre le Christ consiste donc à réellement combler de biens les affamés. Comment, jusqu'où, à quel prix ? À l'évêque d'aider à en cerner les contours et de le donner à voir dans les entreprises qu'il proposera dans son diocèse.

Pour les tenants de la théologie de la libération, issue des pays de grande pauvreté comme l'Amérique latine, le Magnificat a été une grande source d'inspiration et il est devenu un manifeste politique chrétien. Pendant les années de dictature en Argentine, nombre de chrétiens ont donné leur vie parce qu'ils ont pris au sérieux la parole de Marie. Avec elle, grâce à elle, peut-être, ils ont pris conscience de la nécessité de leur engagement. Surprenante Marie ! On croirait volontiers que les jeunes filles filent la laine et bercent leur progéniture, mais ce que recommandent les Évangiles est d'une autre trempe. Derrière la piété sucrée dont pourtant l'institution a instamment cherché à la doter perce la vigueur de celle qui a prononcé le Magnificat pour tous les temps, le nôtre aussi. Marie clame que Dieu est un Dieu de justice et elle invite les croyants à manifester par leurs actes que Dieu est bon et miséricordieux. Il ne saurait y avoir d'ordre social qui ne mette les plus faibles au cœur de ses préoccupations.

Marie, prophétesse qui annonce son fils, porte-parole de Dieu, invite donc l'Église actuelle à attribuer une meilleure place aux prophètes qu'elle ne le fait. Or, l'évêque a aussi ce rôle à assumer. On sait l'inévitable tension qui existe entre les institutions – qui instituent, c'est-à-dire gèrent et prennent soin de l'existant –, et les prophètes, volontiers subversifs. Or, il n'y a pas d'annonce de l'Évangile si l'on ne tient son oreille ouverte à la voix des prophètes. Rééquilibrer les deux fléaux de la balance permettrait que, sous l'impulsion de la figure mariale, la force de la Résurrection atteigne sa cible. La Résurrection qu'annonce déjà Marie, par le Magnificat, est que les petits, les humbles en vivent déjà. En témoigne la joie qu'elle exprime : « Mon esprit tressaille de joie. » L'évêque peut fonder en elle sa mission d'assistance aux mal-aimés de la terre, aux précaires de toutes sortes, aux souffrants, aux pauvres de tout. Prophétesse, figure d'humilité, Marie pourrait demain, si l'évêque y est attentif, retrouver son premier titre de l'histoire chrétienne, celui que lui avait donné Athanase d'Alexandrie, au IVe siècle, le plus glorieux de ses titres, à mes yeux, celui de sœur. Marie – dans sa proximité de sœur – n'est pas encore ce ventre que le siècle suivant mettra au centre de sa dévotion... Avec elle, avec la Samaritaine, « assoiffée du désir de Dieu[19] », avec Marie de Magdala et Marie de l'onction, témoins de la Résurrection, l'annonce de la Bonne Nouvelle est assurée. Sur elles, l'évêque peut appuyer sa prédication en toute sûreté.

9

Les sept chantiers d'un évêque

Passer d'un verbe au présent à un autre au futur est, dans l'Église catholique, une grande affaire. Sauter du présent au conditionnel l'est davantage encore. Pourtant, je me suis donné, dans les pages qui suivent, la liberté des enfants que l'on voit tout naturellement aller de l'un à l'autre. « On dirait un oiseau qui a un copain oiseau… » On dirait… un évêque libre de ses mouvements, qui écoute son désir, sa foi, les appels de ses frères et sœurs et ose entreprendre. Pour quelle œuvre ? Si une fée venait lui offrir trois vœux à formuler pour son diocèse, que choisirait-il ? Que mettrait-il en priorité ? Emportée par ce désir, j'ai voulu résumer en quelques lignes les priorités essentielles – outre celles qui ont déjà été analysées plus longuement – que l'évêque doit se donner. Mais en gourmande, ce sont sept vœux et non trois que je vais égrener ici.

1. ÊTRE L'ÉVÊQUE D'UNE ÉGLISE QUI DIT OUI

La priorité de l'évêque tel que je l'imagine est d'être l'évêque d'une Église qui dit oui. D'une Église qui accueille tous ceux qui frappent à sa porte, qu'ils demandent des sacrements ou des responsabilités dans leur Église. Les divorcés remariés, les femmes, les personnes homosexuelles et transgenres, et d'autres : leur quête n'est-elle pas digne d'écoute ? N'est-elle pas belle, cette humanité que le Fils de Dieu a choisie pour lui ? Alors, arrêtons de dresser la herse des interdictions de sacrements pour les contenir, arrêtons de dire : « Oui… mais… en fait, non ! » à tout bout de champ, d'exalter la communion de désir pour tenir à distance les divorcés remariés, de gonfler des arguments indignes pour évincer les femmes, de créer des « servantes d'assemblée » pour occuper les filles pendant que les garçons vaquent aux choses sérieuses, là-bas sur l'autel auquel elles n'accèdent pas, arrêtons de croire que c'est une victoire d'avoir roulé leurs parents dans la farine, arrêtons d'inventer une « Église de purs » qui serait remplie de bons, et une sorte de zone grise à sa périphérie qui neutraliserait les méchants. Nul ne connaît les frontières de l'Église, pourquoi vouloir à tout prix les dessiner, pourquoi vouloir se mettre à la place de Dieu ? Oh, je sais qu'il y a de très sérieuses raisons à exiger des passeports, il y a le Code, la discipline de l'Église, la liturgie, la « vocation particulière des femmes », etc. Et je ne dirai rien d'un autre motif plus enfoui mais puissant qui est de jouir de la contemplation de son pouvoir sur autrui. Toutes ces raisons ne valent rien devant la seule qui soit bonne, la pratique de Jésus, radicalement à l'opposé de ces manœuvres de division. Dans une Église qui passe son temps à exclure, bien peu acceptent de voir que la lutte contre l'exclusion est la priorité de Jésus. Car, contrairement à ce que pense l'opinion commune, Jésus n'a pas voulu éradiquer la pauvreté mais d'abord l'exclusion, ce qui est une tout autre entreprise. « Les pauvres, vous les aurez toujours avec vous[1] », dit-il lors du repas à Béthanie. Même s'il est difficile de l'admettre, la pauvreté est bien moins exigeante pour celui qui la combat, car – sauf à devenir pauvre soi-même – le pauvre reste votre obligé, tandis que l'exclu vous renvoie dans le miroir un visage proche du vôtre, avec qui vous pourriez être confondu, et cette peur est insupportable à certains. Jésus, dépourvu de toute peur de l'autre, n'a jamais exclu, pour aucune raison que ce soit, même pour impureté rituelle ou toute autre infraction à la Loi de Moïse. Si, il a eu peur de la Syro-Phénicienne, une étrangère, mais il a accepté de se laisser convaincre par elle[2]. Il n'a exclu ni les femmes, ni les publicains, ni les prostituées, ni les étrangers. En passant devant le bureau de la douane, à Capharnaüm, il a dit à Matthieu le publicain : « Suis-moi ! » Or Matthieu est un infréquentable collecteur d'impôts, un vendu aux Romains que les Juifs refusent parmi leurs rangs. Jésus, lui, a su traverser ces refus.

Cela fait quarante ans que j'observe comment s'est mis en marche, dans l'Église de France, le mécanisme de l'exclusion grâce à une technique bien particulière, celle de la création d'un entre-soi, ou de plusieurs. L'exclusion de ce type se propage par la création de poches, des « clans », d'élus avec qui on se reconnaît « entre soi », qui créent un dedans et un dehors. Ces frontières factices mais prégnantes se reproduisent par mimétisme et, au bout du compte, tout l'ensemble d'une société peut se trouver fractionné et même fracturé. J'en pris conscience un jour où nous avions reçu à dîner un couple dont le mari travaillait avec le mien. J'étais alors à la Catho de Lyon, en études de théologie. Mon mari m'ayant prévenue que ce couple faisait partie d'un mouvement catholique charismatique, je m'attendais à quelques conversations « boutique » sur les professeurs, les centres d'intérêt, les engagements choisis, et même sur la foi et l'Évangile. Mais ni l'un ni l'autre n'eurent un mot là-dessus, malgré mes quelques ouvertures. Sujets contournés, silence hautain, regards fuyants, je n'étais pas du clan, dont d'ailleurs on ne me dit rien de toute la soirée, comme si on avait décidé à ma place que je ne pouvais en être, étant à la Catho, ce repaire inquiétant. J'ai mesuré alors la puissance destructrice de l'entre-soi, et je l'ai, hélas, vérifiée au long des années suivantes, où ce mouvement, né pour promouvoir les laïcs, est devenu une pépinière de prêtres au cléricalisme ardent, et a méthodiquement évincé pour s'imposer, au lieu d'accepter de coopérer avec les équipes paroissiales existantes. S'affirmer différent, sans nécessairement dire en quoi, ignorer ostensiblement l'autre, dresser des murs, créés de toutes pièces, mais qui, petit à petit, impriment leur marque dans le tissu ecclésial, puis faire disparaître l'autre pour régner en maître, telle est la stratégie de l'exclusion par l'entre-soi, qui n'est pas sans rapport avec les totalitarismes récents. Tactique du diable, *diabolos*, celui qui divise et compartimente à l'infini, ruinant le corps. C'est lui que l'on voit à l'œuvre aujourd'hui, en de multiples lieux, à la fois dans la société et dans l'Église. Or, un évêque évangélique saura se libérer de réflexes de chapelles, oser la rencontre nue, vive, et faire confiance à la richesse de toute personne pour construire le Royaume. Un exemple :

pourquoi ne pas associer des couples divorcés remariés aux équipes de préparation au mariage ? N'auraient-ils tiré aucune leçon de leur vie affective qui puisse être utile aux futurs couples ?

2. CRÉER DES LIENS

La seconde priorité est en tension avec la première. Un évêque digne de ce nom doit créer des liens. Oh, je sais, dans l'Église, on parle de « communion ». Mais le léger trouble que je ressens devant ce mot m'alerte. Je le comprends mal, et je trouve les explications qu'on m'en donne souvent fumeuses, propres à compliquer encore les choses. Comme si le flou, l'imprécision permettaient de s'affranchir d'une exigence. C'est pourquoi je préfère parler de liens. Sans doute le prophète Osée n'est-il pas loin de moi, lui qui faisait dire à Dieu : « Je le menais [le peuple] avec des attaches humaines, avec des liens d'amour[3]. » Ces liens sont, pour certains, une priorité absolue de leur action. J'ai appris cela d'André Gouzes, qui m'avait un jour confié : « Tout ce qu'on nous demande, à nous prêtres, c'est de créer des liens. » Merveilleux programme ! Quand on découvre combien ce dominicain, créateur d'une importante œuvre de musique liturgique, capable de fédérer tant de talents pour restaurer l'abbaye de Sylvanès en Aveyron afin d'en faire un lieu musical d'exception, était ancré dans la tradition, conservateur des usages anciens dans la liturgie, et déterminé à voir renaître son Église, on mesure son ambition et son audace. Plus on crée des liens, plus on ose regarder devant, car ensemble, on se sent plus forts.

Ces liens d'amour sont à construire dans de multiples directions. Dans l'Église d'abord, aujourd'hui gangrenée par les divisions, mais aussi dans l'ensemble du territoire du diocèse. Trop vaste est le sujet pour être ici abordé en profondeur. Retenons seulement que la relation entre les personnes est le lieu privilégié de l'amour et que c'est d'elle que vient le souffle de l'Esprit, s'il vient. D'elle jaillissent à la fois la similitude qui rassure et la différence qui nourrit. « Je m'inclinais vers lui et je le faisais manger », dit ce même verset d'Osée. Nombreux sont aujourd'hui les évêques qui se plaignent des coteries, des chapelles de toutes sortes qui entravent leur action rassembleuse. Le problème est que, lorsque la machine à exclure est lancée, on l'arrête difficilement. Le premier acte fédérateur serait donc de tordre le cou au système d'exclusion. Mais que peut faire l'évêque contre celles des exclusions actuelles qui sont décidées par Rome ? Les écarter ? Passer outre ? C'est pourtant la condition pour mettre en œuvre une attitude liante : sortir, mettre en contact des personnalités improbables, organiser des activités entre services qui s'ignorent, informer sans opacité, dans un langage simple et accessible à tous, valoriser ses interlocuteurs, complimenter sans exiger la perfection.

Hors du champ catholique, il est aussi possible de nouer des liens qui, certes, n'auront aucune retombée sur le nombre de baptêmes, mais permettront de dire que l'évêque fait tout simplement son travail. Sans prosélytisme, sans entorse à la laïcité, l'évêque a toute sa place dans la société civile. Je pense qu'une fois le territoire de son diocèse arpenté de long en large, une fois repérées ses lignes de force, politiques, sociales, économiques, une fois écoutées les attentes de la population, l'évêque est en mesure d'être un faiseur de liens, à condition que ces liens se nouent autour d'une cause partageable entre plusieurs partenaires. Il peut aussi suggérer aux paroisses d'entrer avec lui dans cette tâche de mise en lien gratuite, soucieuse de la liberté et de la croissance humaine des personnes. L'évêque peut être un médiateur lors de certains conflits. Il peut rassembler lors d'une marche blanche en souvenir d'un être violenté, ou rendre grâce dans une cérémonie festive lorsqu'un enfant du diocèse s'illustre dans une cause humanitaire. Cela demande de savoir inventer un mode de présence : prise de parole, geste de fraternité, ou célébration, qui soit à chaque fois adapté aux circonstances et à l'auditoire. Encore une fois, les occasions se trouveront toujours, ce qui importe, c'est le goût d'y aller et la conviction que la tâche est belle.

3. C'EST L'ÉVANGILE QUI EST FÉMINISTE !

Ouvrir grandes les portes aux femmes dans leur propre maison est une priorité entre les priorités, déjà souvent évoquée. Pour justifier le féminisme qui la sous-tend, les arguments ne manquent pas. Je voudrais seulement donner à l'évêque qui en aura la charge une caution que l'institution a du mal à accepter, mais qui est sa légitimité même : c'est l'Évangile qui est féministe[4] ! Bien entendu, ce n'est ni un féminisme de supériorité des femmes, ni d'exclusion des hommes, comme certains le chuchotent pour mieux le dénigrer.

C'est un féminisme « qui va de soi », car le christianisme est profondément égalitaire, malgré les sirènes différentialistes que Rome fait retentir. C'est un féminisme universaliste, qui rehausse l'identité féminine à celle d'être humain, comme l'ont fait, bien après lui, les sociétés civiles. Femme… homme, Jésus ne voit que l'être humain. Pourtant l'institution a piétiné cette évidence et l'a enfouie plus profond que les plus profondes des caves du Vatican… Elle a inventé la guerre du genre, construite de toutes pièces avec du vent, et elle répète en boucle que Jésus a choisi douze hommes. Pauvres parades, la fouille est faite, le discrédit intellectuel d'un tel fondamentalisme est maintenant bien identifié, les caves ne retiennent plus rien… La vérité est nue. Aussi, pour un catholique, être féministe n'est pas un choix émaillé de risques, c'est suivre Jésus, et tout est dit. L'évêque qui le rappellera n'aura pas toujours la tâche facile, car il lui faudra d'abord convertir à ce féminisme évangélique nombre de femmes catholiques. Pas si facile de mettre à bas la somme de préjugés qu'un féminisme noirci aux couleurs du diable a suscitée dans l'Église catholique !

4. MOINS FAIRE L'ANGE… ET DAVANTAGE FAIRE LA BÊTE

Le christianisme repose sur un dogme fondamental, l'incarnation du Fils de Dieu. Le Verbe de Dieu « s'est fait homme pour que nous devenions Dieu », dit Athanase reprenant une formule semblable d'Irénée, du IIe siècle[5]. Par conséquent, il est demandé au chrétien de s'incarner et non de s'idéaliser. Qu'il soit pleinement humain, puisque Dieu lui-même a choisi sa condition ! De mettre davantage en pratique l'adage : « Qui veut faire l'ange fait la bête. » Or les catholiques, plus encore que les protestants et les orthodoxes, ont un tropisme fort pour l'idéalisation. Celui-ci est le fruit de l'idéalisme grec, qui invite l'être humain à se désinvestir de son corps et de sa vie terrestre pour accéder au monde des idées. Il vient aussi des deux récits bibliques de création[6], qui mettent l'être humain en image et ressemblance d'un Dieu que l'on pare d'idéal, et enfin il découle de la réalité de la vie des clercs, qu'on a tirés loin du monde, et qui sont donc peu bavards sur des pans entiers de la vie ordinaire, la sexualité, la parentalité, le travail, l'engagement sociétal ou politique, là où précisément l'on s'incarne.

Une autre attitude est possible. Elle consiste non pas à exalter les réflexes les plus primaires de l'être humain mais à connaître et à admettre leur part dans la construction d'un individu. À prendre soin de son corps, parfois mis à mal par des reliquats d'une ascèse qui a été le langage même de la vie spirituelle classique et qui traînent encore dans les esprits. À admettre que l'âme et le corps ne s'opposent pas, mais s'informent mutuellement. C'est le corps qui fait l'âme. À tirer vers la lumière l'origine complexe de beaucoup de nos comportements, issus de la matière même dont nous sommes faits. Un seul exemple : il arrive que l'on conçoive des vœux de mort envers une personne aimée. Trouble, inquiétude devant cette découverte… Où est passé l'amour ? Ne peut-on accepter que l'inconscient travaille, selon sa logique, et que nous gagnons à savoir ce qu'il nous dit ? Je n'oublie pas qu'un mouvement inverse existe, qui vient demander à l'Église de ré-idéaliser un humanisme trop plat où la transcendance se cherche. La solution ne consiste pas à ré-idéaliser en s'aveuglant sur soi-même, mais à regarder l'attitude de Jésus, appelé « Verbe de Dieu » par l'évangéliste Jean, qui mange et boit avec les gloutons, mais va à l'écart prier le Père. C'est seulement à partir du socle de nos corps, du milieu dans lequel nous vivons, de notre désir, que le christianisme propose de rejoindre une transcendance. « La vie de l'homme c'est de voir Dieu[7] ! » dit Irénée, mettant ainsi à nu le désir de Dieu inscrit dans l'être humain. S'incarner consiste à porter, avec discernement et sans jugement, sans honte, dans la simplicité et l'humilité, tout ce bagage complexe sous la miséricorde d'un Dieu qui nous a créés de glaise et de souffle. L'idéalisation ne doit plus rester un mal catholique, car elle n'est pas dans son ADN. Le christianisme est né juif. Sans mésestimer l'apport grec qui a suivi, il importe de garder vivante la marque juive. Et d'apprendre du judaïsme un meilleur rapport à notre corps et un meilleur dialogue avec les sciences humaines.

5. RESPONSABILISER AU LIEU DE CULPABILISER

Le second mal catholique est cette « pastorale de la peur » dénoncée par Jean Delumeau. Tout a déjà été analysé, mis en lumière, sur ce sujet, mais la réalité demeure et s'est même accrue sous la réaction actuelle. Reproches, menaces, intimidations, tout l'arsenal d'une gouvernance dépourvue d'autorité naturelle et qui, par conséquent, tient trop par le pouvoir, donc utilise les moyens qui le servent, est à l'œuvre aujourd'hui. Les exemples abondent. Dans la liturgie, les prêtres agenouillent les fidèles, les préfèrent passifs qu'actifs, et insistent sur le péché, sur le sacrifice du Christ, sur le rachat des fautes. Dans les prédications, on vante la règle plus que l'amour, la morale plus que le désir. Par fidélité au génie du christianisme, cette attitude est à proscrire. Non, Dieu n'est pas là pour accabler, pour dénigrer, Dieu veut la vie, et la vie en abondance. La première partie de la célèbre formule d'Irénée rapportée à l'instant est à inscrire au fond de soi et à se remémorer à chaque fois que l'on s'apprête à se déprécier : « La gloire de Dieu, dit-il, c'est l'homme vivant[8]. » Ce n'est pas l'homme couché, terrorisé, humilié, accablé par le « Dieu pervers » dénoncé par Maurice Bellet[9], qui doit régner dans les églises, mais le Dieu qui libère et fait vivre. Si le regard de Dieu sur moi est bienveillant, pourquoi le mien serait-il dépréciatif ou hostile ? « Ne jugez pas, dit Jésus, et vous ne serez pas jugés ; ne condamnez pas, et vous ne serez pas condamnés ; remettez, et il vous sera remis[10]. » La réciprocité est évidente : tel je serai envers autrui, tel je serai considéré. Le premier travail s'applique donc envers soi-même, pour identifier les jugements excessifs, les surmoi trop exigeants, les blessures narcissiques, les carences affectives. Ainsi j'apprends que préserver ma propre intégrité, survivre, même, dépend de ma retenue dans le jugement, envers autrui comme envers moi-même. Si c'est la peur qui met son voile de noirceur sur les visages qui m'entourent, c'est sur moi aussi qu'elle le met. Si c'est la confiance, la bienveillance, autrui sera une aide, et m'humanisera.

La meilleure parade à cette culpabilisation aveugle est la responsabilisation. L'évêque peut construire une gouvernance synodale, qui, sous son autorité, confie à d'autres le maximum de responsabilités. En outre, c'est peut-être une excellente manière de s'agréger des bonnes volontés, hier éloignées. La responsabilité naît de la confiance. Elle est le début d'un cercle vertueux dans lequel l'Esprit, à ce que l'on dit, se sentirait mieux que… dans des rapports hiérarchiques classiques.

6. PRÉFÉRER L'ESPRIT À LA LETTRE

Sur ce sujet, mon constat est inverse de celui des deux précédents chantiers. Au lieu du « trop », c'est le « trop peu » qui est en cause. Elle est aujourd'hui oubliée la parole si connue de Paul, que « la lettre tue mais que l'esprit vivifie[11] » ! Serait-ce parce qu'il n'y aurait plus rien à dire ? La lettre serait-elle ouvertement au service de l'esprit ? Non, aujourd'hui, les ravages de la lettre sont partout. Ritualisation extrême de la liturgie, formalisme dans les sacrements, dans les enseignements, accentuation de la règle… Certaines de ces insistances sur la lettre portent en elles leur justification, mais il faut savoir en révéler le sens en les expliquant et en formant une communauté qui accepte de les mettre en œuvre. Il faut reconnaître que, en période d'insécurité comme la nôtre, la lettre rassure, tandis que l'esprit, plus insaisissable, peut déstabiliser et inquiéter. L'intendant puni par son maître[12] n'avait fait qu'enterrer son talent, pour être sûr de ne pas faire de mauvais placements. Il avait obéi à la lettre par peur de se tromper. Obéir à l'esprit l'aurait obligé à réfléchir sur le bon placement et à prendre des risques qui, sans doute, lui faisaient peur. L'évêque doit donc tenir compte de cette peur et chercher à la dissiper. Mais sans y céder, car recourir à la lettre sans motif sérieux et sans pédagogie enferme et stérilise.

Pourtant, l'intelligence du message chrétien sur ce sujet est un trésor. On ne peut que se réjouir de la « liberté glorieuse des enfants de Dieu[13] ». De la largesse interprétative du christianisme, de son intelligence des contextes culturels, due à un fort investissement sur l'histoire et l'exégèse des textes, de son écoute des personnes afin de ne pas les accabler inutilement. Si l'évêque veut que son diocèse soit un lieu de vie, il doit rendre compte de ses trésors et ne pas se laisser entraîner sur la pente dangereuse de la forme qui sévit actuellement. Pour y parvenir, un accueil inconditionnel, une initiation à la Bible, à l'histoire de l'Église, une connaissance des mécanismes psychologiques sont autant d'atouts. Le maître mot reste celui de la Bible, cent fois martelé : « N'ayez pas peur[14]. » Mais l'essentiel se joue après, dans la manière dont on vient à bout de la peur. La prière, la célébration, des lieux de parole libre, une présence très attentive de l'évêque, des propositions de formation théologique soutenue sont quelques-unes des opportunités à saisir.

7. ENFIN, TOUJOURS ET PARTOUT, BÉNIR !

Oui, l'évêque doit bénir. À la fois dire du bien dans des circonstances précises, et célébrer la bienveillance de Dieu. Dire du bien découle des observations qui précèdent. Cela ne signifie pas minorer le mal, dont la réalité crève les yeux, mais suppose de le placer sous le pardon que Dieu donne et que les hommes mettent en actes. Célébrer ouvre d'autres portes, celles qui conduisent à se tourner vers l'auteur de toutes choses, à le supplier aux jours du malheur et à lui rendre grâce lorsque la joie est de nouveau possible. Dans la silhouette que j'ai tenté de dessiner ici, l'évêque célèbre de tout son cœur, et il le fait dans son état de laïc, parce que le laïcat est l'état naturel du peuple de Dieu. À dessein, je n'ai pas abordé la question de la célébration eucharistique. Mais elle est au cœur des tensions actuelles. Tombera-t-elle demain dans l'escarcelle du laïcat, soit de façon sauvage, comme cela se voit de plus en plus, soit par un changement profond de la règle qui permettra aux laïcs de célébrer, ou seront-ce des laïcs devenus prêtres qui la dispenseront ? En tout cas, si le sacrement de l'Ordre reste ce qu'il est, même conféré à des hommes mariés, rien ne sera résolu au sujet de la gouvernance. Quid de la participation des laïcs – hommes et femmes – aux décisions de l'ensemble de l'Église ? Quid de l'élargissement du vivier de candidats à l'épiscopat ?

Pour le moment, je ne peux que proposer à l'évêque laïc pour lequel j'ai opté de célébrer en laïc, avec les moyens qui sont les siens, c'est-à-dire au moyen d'une célébration de la Parole. Par cette dernière, le mystère pascal peut aussi se dire et éventuellement s'accompagner d'un partage du pain sans les paroles classiques de la consécration. Enfin, pour rester dans la tonalité générale de ces pages, il est essentiel que le célébrant laïc infléchisse fortement les liturgies trop sacrificielles pour donner plus de place à la célébration de la Résurrection. Le tropisme de l'Église catholique pour la Passion au détriment de la Résurrection n'est pas une fatalité. Il a déjà été souligné ici qu'une Église sans femmes avait sans doute tendance à sous-estimer la place de la Résurrection dans son annonce évangélique. Mais bien peu est entrepris pour que cela change.

Ces chantiers de l'évêque répondent à une situation donnée, celle d'une Église occidentale en mal de tourner une page de son histoire. Ils se ressentent aussi de ce que je porte, de mon expérience personnelle, qui m'a fait traverser les écueils que je dénonce. Tous nos choix accomplissent jusqu'à leur assomption nos trajets personnels. Les révoltés, les résistants, les négociateurs, les aventuriers puisent dans leur histoire propre les qualités dont ils ont besoin. Leurs chemins, déjà, sont balisés des petits cailloux qu'ils y ont laissés un jour. L'expérience est incontournable, mais je sais qu'elle n'est pas sans risques. Elle est envahissante, elle peut aveugler. Il faut du temps pour que la vue redevienne saine et raisonnable ! Paul est parti en Arabie après sa conversion, puis il est resté trois ans à Damas. L'expérience peut aussi parfois rendre intolérant, sûr de soi. Enfin, ce programme d'un évêque laïc que j'ai pris la liberté d'exposer à votre appréciation assume la part de maladresses liée à toute nouveauté. On ne l'habite pas du premier coup, car le vêtement a été taillé pour d'autres. Puisque le modèle change, il n'est pas à la bonne taille. À cette sorte de gaucherie, le remède n'est pas de troquer radicalement un système pour un autre, mais d'expérimenter une vraie coopération entre prêtres et laïcs. Un évêque laïc doit donc être bien entouré des prêtres de son diocèse, afin de les écouter, et que ceux qui sont expérimentés partagent avec lui leur sagesse, et que les plus jeunes lui communiquent leur énergie et leur esprit d'entreprise. Que d'inventions en perspective dans nos manières d'être !

Conclusion

Soixante ans après Vatican II, où brillèrent de grands et courageux évêques, la charge d'évêque, la plus vénérable et la plus essentielle de l'institution catholique, s'enfonce dans l'insignifiance. C'est vrai de la France, et sans doute d'autres pays occidentaux. De ce tragique effacement, les acteurs sont nombreux. Il y a les hommes, qui font la fonction, mais aussi les nonces, qui choisissent les hommes, et Rome, qui choisit les nonces. À force de passer dans la lessiveuse, quelle forme et quelle couleur reste-t-il aux candidats ? Même leur liberté d'enfants de Dieu est mise à mal par le serment prêté à Rome et par l'obéissance qu'elle requiert. S'il s'agissait de foi, cette dernière serait légitime. Mais les matières imposées n'ont plus grand-chose à voir avec le contenu de la foi, sauf à dire que tout est dans tout. Rome fait des évêques sa garde prétorienne, mais à quel prix et pour quelles conséquences ? Les évêques ravaudent jusqu'à l'épuisement l'étoffe usée d'un système qui n'en peut plus, mais il leur est même interdit de dire qu'il pourrait en être autrement. Je suis sûre que certains évêques se sont déjà demandé à quoi ils servaient.

À faire du bien, sans doute, et je ne doute pas qu'ils le fassent, dans leur entourage proche. Mais au-delà ? Dans leur propre diocèse et à Rome, sur quels leviers ont-ils prise ?

Ma liberté, celle d'une laïque que n'attire aucune prébende, m'aura permis de dire ce que les évêques ne peuvent plus dire. De susciter un intérêt, non seulement pour la charge, mais pour la personne même de l'évêque. Homme ? Femme ? Prêtre ? Laïc ? L'urgence n'est pas aux gestionnaires, comme on le dit ces temps-ci en guise d'excuse, au motif qu'il faudrait gérer la pénurie de prêtres ou d'argent, elle est aux êtres de conviction, aux prophètes et aux rassembleurs. Ce sont eux qui devraient tenir la crosse, parce que, eux, sauraient donner de la voix et lever des forces.

Personne n'a répondu à ma candidature, dans l'institution, mais beaucoup, en dehors d'elle, m'ont entendue. Et que d'amis se sont révélés à cette occasion ! J'aimerais tant que nous redisions tous ensemble combien l'Évangile reste une parole neuve et nourrissante !

Dans l'index qui a cliqué pour envoyer cette candidature, le 25 mai dernier, s'est nichée une motivation que je ne découvre qu'aujourd'hui, cinq mois plus tard. Pour préparer une intervention sur la gouvernance dans l'Église, j'ai été amenée à récapituler les actions et prises de position récentes de l'Église. Le bilan, dont il a plusieurs fois été question dans ces pages, n'est guère enthousiasmant. Le vide que je ressentais me rappelait celui éprouvé au seuil de ma candidature. Mais en mai dernier, je ne savais l'exprimer qu'en termes de refus – celui de voir s'autojustifier et se perpétuer une institution qui vivait plus pour elle-même que pour l'Évangile. Il m'a fallu ces cinq mois pour comprendre que le refus n'était pas le dernier mot de mon geste. Il masquait un vide que j'éprouvais déjà sans pouvoir le nommer. Et ma candidature le comblait. Le vide institutionnel actuel est insupportable. Il angoisse, il fait fuir, et, étrangeté des impressions, il pèse alors qu'il n'est que du « rien ». Pourtant, il est évitable parce que l'institution n'est pas l'Église. Qu'elle écoute ce qui bouge aujourd'hui en son sein ! Ce qui bouge, c'est un mouvement venu des profondeurs de l'inconscient collectif, qui essaie désespérément de rendre une gouvernance à ce vide : ce sont les exclues des décisions, mais qui se pensent aussi en termes de relève. Ce sont les femmes. C'est à cause de cette horreur du vide qu'il y a eu ces mois derniers et encore maintenant des initiatives venues des femmes. Elles disent : « Tout va mal, mais on est là. » Mais c'est une chance ! Car les femmes ne viennent pas les mains vides. Elles offrent à la gouvernance un modèle perdu, le décalque de ce qu'elle a été. Seront-elles entendues ? Je le souhaite, car ce serait l'intérêt bien compris de l'institution de saisir cette opportunité pour retrouver de la vie, de la chair, de la consistance. Qu'elle aborde donc de front et avec honnêteté la question de la réintégration des femmes. Derrière cette œuvre de salut, un chantier considérable pourrait ensuite s'ouvrir, celui d'une gouvernance réinstallée sur ses fondements évangéliques, c'est-à-dire appuyée sur les Douze, expression du peuple total et non petit club d'élus.

Ainsi, ces derniers mois se sera poursuivie mon implication forte pour la cause des femmes. J'ai aussi fondamentalement opté pour le laïcat. J'observe d'ailleurs que c'est la ligne choisie par le pape pour les femmes. Il a récemment exhorté à « une présence féminine plus incisive » dans l'Église[1]. Rien de nouveau sous le soleil, puisque cette parole est exactement celle qu'il avait prononcée, il y a sept ans, dans l'encyclique programme de son arrivée au pontificat[2]. Rien, ou presque, n'a bougé pendant ces sept années. Mais je voudrais souligner que ma candidature s'inscrit dans le cadre même de la vision du pape : assumer des responsabilités au titre de son baptême. Pour le dire autrement, mais à l'identique, un évêque laïc est, trait pour trait, quelqu'un qui exerce des responsabilités au titre de son baptême. Aurais-je lu dans la pensée du pape ? Si nous le prenons au mot, alors nous devrions pouvoir compter sur des femmes évêques laïcs aux prochains synodes…

En tout cela, faut-il encore parler de désobéissance ? Sous l'écorce de la désobéissance, j'espère avoir montré qu'il y avait un fruit. À chacun de juger. Une dernière question demeure, qui m'importe davantage. À qui obéit-on quand on désobéit ? Que de témoins, au cours de l'histoire, ont poussé leurs vaisseaux vers une rive inconnue, espérant une réponse à cette question ! Abraham et tant d'autres après lui partirent loin de chez eux, pour une promesse qui dérangeait l'ordre installé. Il y a toujours une obéissance derrière la désobéissance, une soumission à un ordre plus grand, plus impérieux, plus enthousiasmant. On obéit « pour » un bien essentiel. Aussi, celui qui ose dire « pour l'amour de Dieu » doit aussi méditer sur le sens du premier mot : « pour ». Ce tout petit mot inscrit celui qui le revendique dans un « aller vers », dans une tension qui se résout, en partie, dans les actes de nos vies. En partie seulement, car les yeux d'Abraham n'ont pas vu la réalisation de la promesse. Ce bien qui est essentiel se dérobe à la pleine lumière. Aussi je laisserai en suspens la question que j'ai posée, car la réponse ne m'appartient pas. Non parce qu'elle appartiendrait à d'autres, mais parce qu'il importe qu'elle reste une question.

Annexe

Pourquoi je suis candidate à être archevêque de Lyon

Constatant qu'en 2020, dans l'Église catholique, aucune femme ne dirige aucun diocèse, aucune femme n'est prêtre, aucune femme n'est diacre, aucune femme ne vote les décisions des synodes,

Considérant qu'exclure la moitié de l'humanité est non seulement contraire au message de Jésus-Christ, mais porte tort à l'Église, ainsi maintenue dans un entre-soi propice aux abus,

Considérant que je ne suis ni une inconnue ni une apparatchik de couloir, mais que j'agis dans mon Église depuis plus de trente-cinq ans, sur le terrain, comme bibliste, théologienne, journaliste, écrivain, présidente pendant huit ans de la Conférence des baptisé-e-s, et présidente actuelle du Comité de la Jupe,

Tout m'autorise à me dire capable de candidater au titre d'évêque, tout me rend légitime. Or, tout me l'interdit.

Si ma candidature est interdite par le droit canon, c'est tout simplement parce que je suis une femme, que les femmes ne peuvent être prêtres et que seuls les prêtres, en devenant évêques, dirigent l'Église catholique.

Considérant que dire non à cette interdiction m'est un devoir, à la fois pour cette Église que j'aime et pour l'ensemble des catholiques dont je suis la sœur,

Considérant qu'il est de ma responsabilité d'être « serviteur de la Parole » et de rendre compte de l'espérance qui est en moi,

J'ose donc me porter candidate pour occuper une charge de gouvernement dans l'Église catholique.

Certains diront que ce geste est fou ; mais ce qui est fou, c'est que cela paraisse fou alors que cela ne l'est pas. N'y aurait-il qu'un seul modèle d'évêque, celui d'un homme célibataire, âgé et tout de noir vêtu ? Pourtant, quel gain ce serait d'oser offrir d'autres visages à cette fonction !

Considérant par ailleurs qu'être prêtre est une chose, et que gouverner en est une autre, que deux papes ont déclaré close la question de l'accès des femmes au sacerdoce, mais que le pape François a demandé aux théologiens de mieux distinguer prêtrise et gouvernance afin de faire une place pour les femmes,

Je constate que rien n'a été fait en ce sens depuis sept ans. N'y aurait-il que ma candidature à répondre à l'appel du pape ?

Gouverner un diocèse ne requiert d'être prêtre que parce que le droit canon en a décidé ainsi. Mais la fonction d'évêque existait bien avant le droit canon ! Les douze compagnons de Jésus n'étaient pas prêtres, Pierre était même marié. Depuis la plus haute Antiquité, l'évêque (l'« épiscope ») est un surveillant, un protecteur qui observe et veille sur la cohésion et la rectitude doctrinale d'un ensemble de communautés. En quoi un laïc ne pourrait-il pas assurer cette fonction ?

Pourquoi candidater à Lyon ? Parce qu'à Lyon quatre archevêques successifs, Mgr Decourtray, Mgr Billé, Mgr Balland et Mgr Barbarin, ont failli dans leur tâche première, celle de protéger leurs communautés. Les bergers ont laissé les loups entrer dans la bergerie et les prédateurs s'en sont pris aux petits. Comment aujourd'hui redonner une légitimité au corps épiscopal ? Comment les catholiques du diocèse de Lyon, laïcs et prêtres, qui aspirent tous à une parole vraie, libérée, dans une communauté soudée, pourront-ils de nouveau faire confiance ?

Pourquoi candidater maintenant ? Parce que l'Église catholique continue à nourrir un cléricalisme pourtant dénoncé par le pape : abus en tout genre, sacralisation du prêtre, esprit de division…

Sachant et considérant toutes ces choses, je me porte candidate à l'archevêché de Lyon, non de mon propre chef, mais parce que certains de mes proches m'y ont conduite.

Ma démarche, je l'espère, sera utile pour toutes les femmes qui, aujourd'hui, sont assignées et bridées dans leur désir de responsabilités.

Je les invite donc à candidater partout où elles se sentent appelées, que ce soit à devenir évêque ou à toute autre responsabilité qui leur est aujourd'hui interdite.

Anne Soupa, ce 21 mai 2020, fête de l'Ascension

Notes

Introduction

1. C'est la formule employée dans les textes officiels de Vatican II.

2. *Méditation sur l'Église*, Aubier Montaigne, 1953.

3. 27 mai 2020.

4. Frédéric Martel, *Sodoma. Enquête au cœur du Vatican*, Robert Laffont, 2020.

5. Instruction de la Congrégation pour l'Éducation catholique sur les critères de discernement vocationnel au sujet des personnes présentant des tendances homosexuelles en vue de l'admission au séminaire et aux Ordres sacrés, novembre 2005. http://www.vatican.va/roman_curia/congregations/ccatheduc/documents/rc_con_ccatheduc_doc_20051104_istruzione_fr.html.

PARTIE I

1. Une idée folle

1. La conférence catholique des baptisé-e-s francophones (CCBF) est un réseau informel d'associations loi 1901, territoriales ou thématiques, qui prône la responsabilisation de tous les baptisés.

2. Et pourquoi pas ?

1. Abraham Joshua Heschel, *Man's Quest for God*, 1954, cité par André Néher, *Moïse et la vocation juive*, Seuil, « Points Sagesse », 2004, p. 132.

2. Pietro De Paoli, *Vatican 2035*, Plon, 2005.

3. Comme des ours devant du miel

1. anne.evêque@gmail.com.

2. Ordonnées sur un bateau croisant sur le Danube, par un évêque de sexe masculin non schismatique, elles sont aujourd'hui 273, surtout présentes aux États-Unis, et réunies dans l'« Association des femmes prêtres catholiques romaines ». Elles sont excommuniées *latae sententiae* par Rome, c'est-à-dire d'office, sans nécessité d'un procès spécifique.

3. https://www.la-croix.com/Religion/Catholicisme/Monde/Le-president-eveques-allemands-appelle-sinterroger-lordination-femmes-2020-06-03-1201097323.

4. https://theworldnews.net/lu-news/archeveque-de-luxembourg-le-cardinal-hollerich-veut-voir-des-femmes-pretres.

5. https://www.lefigaro.fr/actualite-france/cure-diacre-ou-nonce-sept-femmes-candidatent-a-des-fonctions-dans-l-eglise-20200722.

6. Tribune de *La Croix*, Monique Baujard, Véronique Fayet, Marie Mullet Abrassart, Véronique Prat, Dominique Quinio : *https://www.la-croix.com/Debats/Forum-et-debats/Imaginer-lEglise-demain-2020-06-05-1201097751 ;* Anne-Marie Pelletier : *https://www.la-croix.com/Religion/Catholicisme/France/Place-femmes-lEglise-Il-faut-rouvrir-question-ministeres-2020-06-25-1201101745.*

7. À la date du 12 novembre 2020.

8. *La Croix*, 25 juin 2020.

9. Voir p. 82-83.

4. Quelques jours à lyon : mitre, crosse, croix et anneau

1. Exode 3, 6.

5. Le chapelet des objections

1. https://www.la-croix.com/Religion/Femmes-lEglise-methode-Soupa-question-2020-07-22-1201105989.
2. Jean 1, 39.
3. *Evangelii Gaudium*, 104, novembre 2013.
4. « Femmes catholiques : comment briser le plafond de verre ? », RTS, 7 juin 2020 (21 min 43).
5. Première Lettre aux Corinthiens, 3, 6 ; 8.
6. http://www.cathedraledepapeete.com/pages/actualite/20131215-pape-francois-la-stampa.html.
7. Giovanni Maria Vian, *Pape François. Paroles en liberté*, Plon, 2015.
8. Matthieu 20, 25-27.
9. Timothy Radcliffe, Gilles Routhier, Anne Soupa, *Vox populi, vox Dei ?*, Médiaspaul, 2016.
10. 7 août 2020 : https://www.diocese-chartres.com/message-fraternel-de-mgr-christory/.
11. Voir p. 82-83.

6. « Un catholique doit obéir au pape »

1. Jean-Paul II, lettre encyclique, 1993.
2. Werner Böckenförde, « Remarques d'un canoniste à propos du droit dans l'Église catholique romaine aujourd'hui », conférence, octobre 1998.
3. Christine Pedotti, Anthony Favier, *Jean-Paul II. L'ombre du saint*, Albin Michel, 2020.
4. Canon 749, 2 : « Le Collège des évêques jouit lui aussi de l'infaillibilité dans le magistère lorsque les évêques assemblés en concile œcuménique […] ou bien encore lorsque les évêques,

dispersés à travers le monde, gardant le lien de la communion entre eux et avec le successeur de Pierre, enseignant authentiquement en union avec ce même pontife romain ce qui concerne la foi ou les mœurs, s'accordent sur un point de doctrine à tenir de manière définitive. »

5. Ce serment existait déjà mais il était tombé en désuétude avec Vatican II.

6. Cité dans : Werner Böckenförde, « Remarques d'un canoniste à propos du droit dans l'Église catholique romaine aujourd'hui », conf. cit.

7. Code de droit canon, canon 1368.

8. *Ad Tuendam Fidem*, mai 1998.

9. Werner Böckenförde, « Remarques d'un canoniste à propos du droit dans l'Église catholique romaine aujourd'hui », conf. cit.

10. *Ordinatio Sacerdotalis*, 1994.

11. Hervé Legrand, Confrontations : http://www.confrontations.fr/contribution-dun-theologien-au-debat-en-cours-sur-la-candidature-danne-soupa/.

12. Jean 10, 18.

13. Code de droit canonique, canon 333, § 2.

14. Matthieu 12, 9-14.

15. Alix Bayle, cofondatrice du PA.F., collectif pour une parentalité féministe ; Anne Guillard, cofondatrice de Oh My Goddess ! ; Hélène Pichon, auteure de *L'Éternel au féminin. Manifeste pour une nouvelle théologie de la libération* ; Valentine Rinner, cofondatrice de Oh My Goddess ! Anne Soupa, présidente du Comité de la Jupe.

Notes

PARTIE II

1. Pour l'amour de Dieu

1. Genèse 50, 25 ; Exode 13, 19.
2. « Visitation de l'Étranger », dans Daniel Massignon, *Le Voyage en Mésopotamie et la conversion de Louis Massignon en 1908*, Cerf, 1963, p. 76.
3. Isaïe 43, 4.
4. Christian Duquoc, *Messianisme de Jésus et discrétion de Dieu*, Labor et Fides, 1984.

2. L'évêque d'un diocèse hors les murs

1. 12 janvier 2017, *Le Pèlerin* et *La Croix*.
2. Matthieu 9, 12-13.
3. Matthieu 9, 35.
4. Lettre au peuple de Dieu, août 2018.

3. Prêtre ou rien du tout

1. Matthieu 16, 5-12 ; 21, 12-17 ; 21, 23-27. Luc 11, 37-53.
2. Première Lettre à Timothée 3, 2-4.
3. Première Épître de Pierre 1, 9.
4. Lettre aux Hébreux 7, 24.
5. Marie-Françoise Baslez, in *Après Jésus. L'invention du christianisme*, Albin Michel, 2020, p. 453 ; et Antoine Guggenheim, in *ibid.*, p. 614.
6. En particulier : Lettre aux Romains 16, 2.
7. Christine Pedotti, Anthony Favier, *Jean-Paul II. L'ombre du saint*, *op. cit.*
8. *Ibid.*, p. 151.
9. Canon 1008.
10. Mgr Éric de Moulins-Beaufort, « Que nous est-il arrivé ? De la sidération à l'action devant les abus sexuels dans l'Église »,

Nouvelle Revue théologique, vol. 140, n° 1, janvier-mars 2018 : http://paroisse-beaumont95.fr/wp-content/uploads/2018/09/Pedophilie_De-la-sideration-a-l-action_NRT2018.pdf.

4. La maltraitance ecclésiale envers les laïcs

1. *Jalons pour une théologie du laïcat*, Cerf, 1953.
2. Alexandre Faivre, *Les Laïcs aux origines de l'Église*, Le Centurion, 1984.
3. *Lumen Gentium*, 34 ; 35 ; 36.
4. *Lumen Gentium*, 31.
5. *Lumen Gentium*, 31.
6. *Christifideles laici*, 9, 1998.
7. *Lumen Gentium*, 10.
8. *Jalons pour une théologie du laïcat*, *op. cit.*, p. 642.
9. Lettre au cardinal Marc Ouellet, 2016.
10. *Ibid.*
11. *Christifideles laici*, 22.
12. En italique dans le texte.
13. *Christifideles laici*, 23, citant le canon 69.
14. Lettre aux Éphésiens 4, 11.
15. *Evangelii Gaudium*, 120, novembre 2013.
16. Deuxième Lettre aux Corinthiens 2, 10.
17. Bernard-Dominique Marliangeas, *Clés pour une théologie du ministère. In persona Christi, in persona Ecclesiae*, Beauchesne, 1978, cité par André de Halleux, « Ministère et sacerdoce (suite) », *Revue théologique de Louvain*, vol. 18, n° 4, 1987, p. 429.

5. Un évêque laïc

1. Alexandre Faivre, *Les Laïcs aux origines de l'Église*, *op. cit.*
2. Voir p. 106.
3. Première Lettre à Timothée 3, 2-4.
4. *Histoire ecclésiastique*, 3, 36.
5. Lettre aux Philadelphiens, 8, 2.
6. *Lumen Gentium*, 25.

7. Première Lettre aux Corinthiens 2, 9.
8. https://fr.statista.com/statistiques/616536/nombre-de-baptemes-france/.
9. *Lumen Gentium*, 11.
10. Première Lettre aux Corinthiens 12, 27.
11. Vidéos *Bien dans ma foi*, 2020.
12. Cantique « Regardez l'humilité de Dieu ».

6. Parler d'amour en temps d'abus

1. Première Lettre aux Corinthiens 13, 1-13.
2. Première Lettre de Jean 4, 8.
3. https://www.temoignagechretien.fr/appel/, septembre 2018.
4. « Le sacrement de l'Ordre, d'institution divine », canon 1008.
5. Mgr Éric de Moulins-Beaufort, « Que nous est-il arrivé ? », art. cit., p. 10.
6. Luc 19, 1-10.
7. Premier Livre des Rois 3, 13-28.

7. La Bible, livre de vie

1. Deuxième Lettre aux Corinthiens 11, 21.
2. Genèse 17, 15-16. Et Marie Balmary, *Le Sacrifice interdit*, Grasset, 1986, p. 115-133.
3. Genèse 4, 1.
4. Genèse 25, 28.
5. Genèse 33.
6. Lévitique 19, 2 et suiv.
7. Genèse 4, 17-24.
8. Deutéronome 6, 5.
9. Matthieu 13, 24-30.
10. Deutéronome 8, 3.
11. Matthieu 6, 6.
12. *La Panthère des neiges*, Gallimard, 2019, p. 163.
13. Deutéronome 30, 14.

14. Exode 33, 20.
15. Jean 1, 38.
16. Commission biblique pontificale, *L'Interprétation de la Bible dans l'Église*, Cerf, 1994.
17. Genèse 1-2, 4a.
18. Ceci explique que des Bibles continuent à proposer une histoire d'Abraham située vers l'an 2000 avant Jésus-Christ. Ainsi *La Bible de Jérusalem*, 1998.
19. Apocalypse 4, 8.
20. David Finkelstein, Neil Asher Silberman, *La Bible dévoilée*, Bayard, 2004, et *Les Rois sacrés de la Bible*, Bayard, 2006.
21. Première Lettre à Timothée 2, 9.
22. Osée 11, 4
23. Michée 6, 3.
24. Amos 3, 2.
25. Première Lettre de Jean 4, 7-8.
26. Premier Livre des Rois 19, 12.
27. Première Lettre de Jean 4, 20.

8. Laisser les femmes des Évangiles parler de Résurrection

1. Marc 16, 1-8 ; 9-11.
2. Jean 20, 11-18.
3. Matthieu 4, 5-6.
4. Première Lettre aux Corinthiens 13, 8.
5. Première Lettre de Jean 3, 14.
6. Matthieu 26, 6-13 ; Marc 14, 3-9 ; Jean 12, 1-8.
7. Matthieu 26, 13.
8. Anne Soupa, *Douze femmes dans la vie de Jésus*, Salvator, 2014.
9. Luc 2, 51.
10. Luc 1,
11. Luc 1, 52.
12. Jean-Paul II, *Mulieris Dignitatem*, 1988.
13. Paul VI, exhortation apostolique *Marialis cultus*, 37.

14. Anne Soupa, *Douze femmes dans la vie de Jésus*, *op. cit.*, p. 53-54.

15. « L'Esprit de Dieu fondit sur lui [Samson] » (Juges 14, 6). L'Esprit fondit aussi sur David (1 Samuel 16, 16) et sur Isaïe (Isaïe 61, 1).

16. Luc 1, 35.

17. Joël 3, 1.

18. Sophonie 3, 12-13.

19. Jean 4, 15.

9. Les sept chantiers d'un évêque

1. Jean 12, 8.

2. Matthieu 15, 21-28.

3. Osée 11, 4.

4. Anne Soupa, *Douze femmes dans la vie de Jésus*, *op. cit.*

5. Athanase d'Alexandrie (IVe siècle), *Contre les ariens*, 1, 5-6 ; Irénée de Lyon, *Contre les hérésies*, livre V, préface.

6. Genèse 1, 2, 4a ; 2, 4b-25.

7. *Contre les hérésies*, 4, 20, 5 et 7.

8. *Contre les hérésies*, 4, 20, 5 et 7.

9. *Le Dieu pervers*, Desclée de Brouwer, 1979.

10. Luc 6, 37.

11. Deuxième Lettre aux Corinthiens 3, 6.

12. Matthieu 14, 30.

13. Lettre aux Romains 8, 21.

14. Marc 6, 50.

Conclusion

1. https://www.vaticannews.va/fr/pape/news/2020-10/le-pape-veut-une-presence-feminine-plus-incisive-dans-l-eglise.html.

2. *Evangelii Gaudium*, novembre 2013.

Table

DE LA MÊME AUTEURE

Faut-il croire au diable ?, Bayard, 1994

Pâques art du passage, Cerf, 2009

Les Pieds dans le bénitier, (en collaboration avec Christine Pedotti), Presses de la Renaissance, 2010

Dieu aime-t-il les femmes ?, Médiaspaul, 2012

François, la divine surprise, Médiaspaul, 2014

Douze femmes dans la vie de Jésus, Salvator, 2014

L'Ange de la force, en collaboration avec André Gouzes, Bayard, 2016

Le jour où Luther a dit non, Salvator, 2017

Judas, le coupable idéal, Albin Michel, 2018

Consoler les catholiques, Salvator, 2019

Contact : anne.soupa@gmail.com

Composition Nord Compo
Impression : CPI Bussière en décembre 2020
Éditions Albin Michel
22, rue Huyghens, 75014 Paris
www.albin.michel.fr
ISBN : 978-2-226-45873-5
N° d'édition : 24327/01 – N° d'impression : 2052035
Dépôt légal : janvier 2021
Imprimé en France